PREMIÈRES NOTIONS DE MORALE

MORALE

ENSEIGNÉE AUX ÉLÈVES DE 5 A 7 ANS

(Cours Enfantin et Cours Élémentaire des Écoles Primaires)

PAR

J. BEHR
Inspecteur de l'enseignement primaire
Officier de l'instruction publique

ET

A. LENOBLE
Directeur d'école publique
Officier d'académie

Cet ouvrage comprend 119 leçons présentées sous la forme de récits très simples, de fables, d'historiettes intéressantes, faciles à reproduire de mémoire.

Chaque leçon débute par une vérité morale que le récit ou l'historiette met en valeur en s'adressant à la fois à l'esprit et au cœur de l'enfant, et se termine par une résolution qui la résume.

280 gravures illustrent les leçons, en augmentent l'attrait, et donnent à l'ensemble du livre le caractère que doit avoir un classique destiné à de jeunes élèves.

PARIS
LIBRAIRIE DE LA « NOUVELLE ÉDITION »
58, RUE SAINT-ANDRÉ-DES-ARTS, 58

CHAPITRE PREMIER

NOTIONS PRÉLIMINAIRES

1re LEÇON

La conscience morale.

L'enfant qui fait le mal se cache. Pourquoi ? — Il distingue le bien du mal, il a conscience de la valeur morale de ses actes.

RÉCIT. — **Sous un pêcher.**

C'est jour de congé, Henri et Paul, deux enfants de dix à douze ans, portent le goûter de leurs parents qui travaillent dans les champs.

Ils passent devant un magnifique pêcher chargé de fruits mûrs.

« Quelle bonne aubaine, dit Paul, nous allons manger des pêches. »

Tout d'abord, Henri y consentit, mais, après réflexion, il se ravisa.

« Écoute, Paul, dit-il à son camarade, ces pêches ne nous appartiennent pas ; si nous y touchions, nous commettrions une mauvaise action.

— As-tu peur du garde champêtre ?

— Non, Paul, je n'ai pas peur du garde champêtre, mais ma conscience me défend de prendre le bien d'autrui et je suis sûr que la tienne le dit : « Si tu cueilles l'un de ces fruits, tu commettras un vol. » Veux-tu devenir voleur pour satisfaire ta gourmandise ?

— Tu as raison, Henri, j'entends comme toi, en moi-même, une voix qui me défend de mal faire. C'est la voix de la conscience. Obéissons à cette voix pour rester honnêtes ». Les deux amis continuèrent leur chemin. Ils se sentaient heureux parce que leur conscience approuvait leur conduite.

Questionnaire. — 1. Où vont les deux enfants et que rencontrent-ils sur leur chemin ? — 2. Que propose Paul à son camarade ? — 3. Henri accepte-t-il ou refuse-t-il cette proposition ? Pourquoi ? — 4. Quelle résolution prennent les enfants ? Quelle satisfaction en éprouvent-ils ? — 5. Qu'est-ce donc que la conscience ?

Résolution. — *J'obéirai toujours à la voix de ma conscience.*

2e LEÇON

La conscience morale (suite).

Nous sommes heureux quand nous avons fait le bien, nous sommes mécontents de nous-mêmes et nous souffrons quand nous avons fait le mal. Cette souffrance est causée par le *remords*.

Récit. — **Le remords.**

Alice est gourmande, c'est un vilain défaut.

La semaine dernière, elle vit, dans le buffet de la salle à manger des choux à la crème que sa maman avait achetés pour le dessert Prestement, elle en mangea un qu'elle trouva délicieux, puis un second qui lui parut encore meilleur. Elle courut ensuite s'amuser au jardin. Personne ne l'avait vue manger les gâteaux, elle pensait donc n'avoir rien à craindre. Cependant le jeu ne lui procurait aucun plaisir parce que sa conscience lui reprochait sa mauvaise action

Sa maman, qui savait le nombre des gâteaux achetés, s'aperçut bien vite qu'il en manquait deux. — Est-ce toi, Alice, qui a pris deux gâteaux ? — Ce n'est pas moi ! — Puisque ce n'est pas toi, c'est Pauline, la bonne, dit la maman.

A partir de ce jour, Pauline fut surveillée comme on surveille les personnes malhonnêtes. Alice, qui avait bon cœur, souffrait cruellement de la défiance imméritée qu'on avait pour la domestique. A la fin, elle n'y tint plus. Elle vint trouver sa mère et lui dit en pleurant : « C'est moi qui ai mangé les gâteaux. J'ai été gourmande

et menteuse, pardonne-moi, ma chère maman, je vais demander pardon aussi à Pauline et je te promets de n'être plus gourmande. »

La mère pardonna. Qu'est-ce donc qui avait fait si cruellement souffrir Alice ? Le remords, c'est-à-dire le châtiment que lui appliquait sa conscience qui lui défendait d'être gourmande et menteuse et à laquelle elle n'avait pas obéi.

Questionnaire. — 1. Quel était le défaut d'Alice ? — 2. Quelqu'un l'avait-il vue ? Pourquoi a-t-elle menti ? — 3. Doit-on laisser punir quelqu'un pour une faute que l'on a commise ? — 4. Comment appelle-t-on la douleur cuisante que ressentait Alice ?

Résumé. — *La conscience est une voix intérieure qui nous approuve quand nous avons fait le bien et nous blâme quand nous avons fait le mal. Cette approbation nous cause de la joie. Ce blâme nous fait de la peine et c'est cette peine qu'on nomme le* remords. *Obéissons toujours à la voix de notre conscience.*

3e LEÇON

La conscience morale (fin).

Récitation du résumé (voir 2e leçon).

LECTURE A COMMENTER

La voix intérieure.

« Petite maman, lorsque je t'embrasse
En rentrant le soir,
Si j'ai ce jour-là, par hasard, en classe
Mal fait mon devoir,
Pourquoi suis-je triste et presque maussade
Sous ton doux baiser ?
Et pourquoi mon cœur semble-t-il malade,
Prêt à se briser ?
Tu n'as cependant pas connu ma faute
Et tu n'en sais rien.
Quelle est cette voix qui parle en moi, haute
Et me dit : « C'est bien ! »
Lorsque j'ai rempli jusqu'au bout ma tâche ?
— Oh ! mon cher enfant,
Ce qui te rend gai parfois, ou te fâche
La voix qui t'entend
Au fond de ton cœur, ou te récompense
Ou bien te punit
Avant moi souvent : c'est ta conscience,
Crois-la, mon petit !
Qu'elle soit pour toi la règle et le guide
De chaque action,
Et tu grandiras fort sous son égide,
Et tu seras bon »

PAULINE DESCHAMPS

4e LEÇON

Le devoir et la loi morale.

La loi qui nous commande le *bien* s'appelle la *loi morale* ou le *devoir*. C'est cette loi que la conscience applique lorsqu'elle prononce ses jugements.

RÉCIT. — Le devoir.

Par une chaude après-midi d'automne, André allait voir sa grand'mère au hameau voisin. Il avait très soif. Il s'arrêta près d'une vigne dont les raisins mûrs pouvaient le désaltérer. Personne sur la route, personne dans le voisinage, il lui était donc facile de cueillir plusieurs grappes de raisin sans être vu. Pourtant il s'éloigne sans en cueillir. Pourquoi ?

— Pierre a trouvé sur la route un porte-monnaie. Il n'a été vu de personne, rien ne l'empêche donc de se l'approprier. Cependant il remet la bourse à son instituteur dans l'espoir qu'elle sera réclamée par celui qui l'a perdue. Pourquoi ?

— Jean a dérobé des pêches dans le verger de son voisin ; per-

Personne ne le sait. L'un de ses camarades, qui a déjà commis plusieurs méfaits de ce genre, est accusé à tort d'être l'auteur du larcin. Jean est sûr de l'impunité. Pourtant il avoue sa faute. Pourquoi ?

C'est que, dans ces différents cas, une voix intérieure a commandé à André, Pierre et Jean d'agir comme ils l'ont fait. Elle leur a dicté leur *devoir* et ils ont senti qu'ils étaient obligés de lui obéir. Faire son devoir, c'est accomplir les prescriptions de la *loi morale*.

QUESTIONNAIRE. — 1. Pourquoi André ne cueille-t-il pas les raisins ? — Pourquoi Pierre n'a-t-il pas gardé le porte-monnaie ? — Pourquoi Jean a-t-il avoué sa faute ? — 2. Auriez-vous agi comme eux.

RÉSOLUTION. — *J'obéirai toujours à la voixde ma conscience. Le bien* doit *être fait, c'est pour cela qu'on l'appelle encore le* devoir.

5e LEÇON

Le devoir et la loi morale (suite).

On ne doit pas faire son *devoir* pour obtenir une récompense, ou éviter un châtiment. Il faut le faire parce que c'est le *devoir*.

RÉCIT. — **La loi morale.** (D'après L. Liard.)

L'homme est naturellement *libre*, et cependant il est *soumis* à une loi qu'il porte en lui-même. Comment expliquer ce mystère ?

Maxime et Jean sont de bons enfants et de bons écoliers. Cela signifie que, en toute chose, ils cherchent à satisfaire leurs parents et leurs maîtres. Ils repoussent de leur esprit toute mauvaise idée, se disant : « Ne faisons pas cela, mon père ou ma mère ou mon maître ne seraient pas contents. » Eh bien, en agissant ainsi, ils obéissent à une règle qui est de ne pas mécontenter ses parents ou ses maîtres, de ne pas faire ce qu'ils ont défendu. Cette règle, on la leur a apprise en classe et dans la famille.

Mais il ne suffit pas de la connaître, il faut la respecter. Maurice la connaît bien, cette règle, néanmoins il est paresseux. Jacques, au contraire, est laborieux. Cela vient de ce qu'il a *compris qu'il était bon de l'être* et que, le comprenant, il a *voulu* l'être. Cette règle de conduite qu'il suit, personne ne la lui a imposée, il l'a adoptée lui-même ; il s'est dit : « Je serai laborieux » et il l'est, parce qu'il le *veut*.

Voilà comment l'homme, sans cesser d'être libre, est soumis à la loi naturelle qu'on appelle la loi morale.

QUESTIONNAIRE. — 1. Pourquoi Maxime [illegible] Jean sont-ils de bons [illegible] écoliers ? — 2. Que se disent-ils ? — 3. [illegible] ne s'est-il pas [illegible] leçon ? — 4. Pourquoi n'est-il pas un bon élève comme Maxime et Jean ? — 5. Comment appelle-t-on cette loi que nous portons tous en nous-mêmes ?

RÉSUMÉ. — *Notre raison nous dit que le* bien *doit être fait. Le bien, c'est le* devoir.

Si beaucoup d'enfants ou de grandes personnes connaissant leur devoir ne le font pas, ils sont répréhensibles.

C'est un manque de courage qui nous empêche de remplir notre devoir. La qualité qui nous fait défaut alors, c'est la volonté ou énergie morale.

6e LEÇON

Le devoir et la loi morale (fin).

Récitation du résumé. (Voir 5e leçon.)

LECTURE A COMMENTER

Le lieutenant Louaut.

Je me promenais vers le pont d'Iéna ; il faisait un grand vent ; la Seine était houleuse. Je suivais de l'œil un petit batelet, rempli de sable jusqu'au bord, qui voulait passer sous la dernière arche du pont... Tout à coup le batelet chavira ; je vis le batelier essayer de nager ; mais il s'y prenait mal : « Ce maladroit va se noyer », me dis-je. J'eus quelque idée de me jeter à l'eau ; mais j'ai quarante-sept ans et des rhumatismes ; il faisait un froid piquant. « Ce serait trop fou à moi, me disais-je ; quand je serai cloué sur mon lit avec un rhumatisme aigu, qui viendra me voir ? qui songera à moi ? Je serai seul à mourir d'ennui, comme l'an passé. »

Je m'éloignai rapidement, et je me mis à penser à autre chose. Tout à coup, je me dis : « Lieutenant Louaut, tu es un ... ! — Et les soixante-sept jours que le rhumatisme m'a retenu au lit, l'an passé ? dit le parti de la prudence. Que le diable l'emporte ! Il faut savoir nager quand on est marinier. » Je marchais fort vite vers l'École militaire. Tout à coup, une voix me dit : « Lieutenant Louaut, vous êtes un lâche ! » Ce mot me fit tressaillir. Je me mis à courir vers la Seine. Je sauvai l'homme sans difficulté. Qu'est-ce qui m'a fait faire ma belle action ? Ma foi, c'est la peur du mépris ; c'est cette voix qui me dit : « Lieutenant Louaut, vous êtes... un lâche ! Ce qui me frappa, c'est que la voix, cette fois, ne me tutoyait pas. Je me serais méprisé moi-même, si je ne me fusse pas jeté l'eau.

(STENDHAL, *Mémoires d'un touriste*, Calmann-Lévy, éditeur.)

7e LEÇON

Liberté et responsabilité.

L'homme libre est responsable de ses actes. — Sa conscience, agissant comme un tribunal, les condamne ou les approuve.

CAUSERIE

Marie aide sa mère, qu'elle aime beaucoup, dans les soins du ménage. Hier, une assiette lui a glissé des mains et s'est brisée

sur le parquet. Comme sa maman la grondait, Marie s'excusa en disant : « *Ce n'est pas de ma faute, c'est malgré moi que l'accident s'est produit.* »

René est d'un tempérament violent, il n'aime pas les observations et pourtant il mérite souvent d'être rappelé à l'ordre. Dernièrement, sa mère l'ayant grondé parce qu'il avait une mauvaise tenue à table, il se mit fort en colère, prit une assiette sur la table et la jeta à terre. — La conscience de Marie ne lui reprochait rien; celle de René au contraire lui reprochait avec justice d'avoir manqué à son devoir. Une même action peut donc être blâmée ou non, par la conscience, selon qu'elle est faite *librement*, c'est-à-dire de propos délibéré, ou non.

Henri a la mauvaise habitude de jeter des pierres. Ce matin, il a blessé un camarade. La pierre n'est pas responsable puisqu'elle n'a pas de volonté. Le coupable, c'est Henri, qui, lui, était *libre* de jeter ou de ne pas jeter la pierre.

L'histoire raconte que Bara aima mieux mourir que de renier la République qu'il aimait. Entouré d'ennemis, il n'a aucune liberté physique, cependant sa volonté reste *libre* et librement il crie : « *Vive la République !* » et il meurt percé de coups par les ennemis.

Cette liberté qui résiste aux menaces, c'est la liberté de la volonté, c'est la liberté morale.

Questionnaire. — 1. Reproduisez la causerie de mémoire. — 2. Marie est-elle coupable ? — 3. Et René n'a-t-il rien à se reprocher ? — 4. Pourquoi la pierre n'est-elle pas responsable ? — 5. Que nous prouve l'histoire de Bara ?

Résolution. — *Avant d'agir, je pèserai toujours le pour et le contre de mes actions. Je me ferai un devoir de conserver saine ma raison et de rester maître de mes passions.*

8e LEÇON

Liberté et responsabilité (suite).

Tout homme qui commet librement une action qu'il sait mauvaise est responsable de cette action.

Récit — **Le jeune voleur.** (Alphonse Daudet, *Robert Helmont.*)

Un petit garçon aperçut un jour sur la cheminée, dans la chambre de ses parents, une pièce de quarante sous. Il eut la tentation de la dérober.

« Je sentis frétiller en moi autant de désirs qu'il y avait de petites pièces dans cette grande pièce. Je pensais : « Y en a-t-il des parties de canot là-dedans ! » C'était ma grande passion, les canots, à cette époque... Mais ce bonheur coûtait cher et pour arriver à louer un bateau de six sous avec les deux sous qu'on me donnait par semaine, il fallait se priver de tout, calculer, économiser.

« Pendant quelques minutes, je restai là, sans bouger, tenant serré cet argent qui me brûlait la main. Secoué par une lutte effroyable, tout mon pauvre petit corps tremblait. Mes oreilles bourdonnaient. J'entendis les battements de mon cœur et le tic-tac monotone de la pendule.

« A la fin pourtant, l'idée du devoir, déjà née et grandie en moi,

le souvenir des miens, l'atmosphère de la maison honnête, sans doute aussi la peur du châtiment, de l'humiliation si j'étais découvert, tout cela fut plus fort que la passion. Je remis la pièce où je l'avais prise. »

Questionnaire. — 1. Reproduisez le récit de mémoire. — 2. Par quoi le petit garçon était il tenté ? — 3. Que pensait-il ? — 4. N'y a t-il pas eu lutte en lui entre les bons et les mauvais penchants ? — 5. A la fin, que se passe-t-il ? Pourquoi a-t-il remis la pièce ?

Résumé. — *La liberté morale est la liberté de choisir entre le bien et le mal. On l'appelle libre arbitre ou libre choix. C'est parce que l'homme est libre qu'il est responsable de ses actions ; il a du mérite à faire le bien ; il est punissable s'il fait le mal. Il a donc à répondre de ses actes devant sa conscience.*

9e LEÇON

Liberté et responsabilité (fin).

Récitation du résumé (Voir 8e leçon).

LECTURE A COMMENTER

Le jambon volé. (Vessiot.)

Sur le devant d'une boutique s'étalait un jambon de fort belle apparence. Certain passant le voit, s'arrête, et, cédant à la tentation, le saisit et l'emporte en courant ; mais il avait été vu.

« Au voleur ! au voleur ! » crie le charcutier en s'élançant à sa poursuite.

Le charcutier était agile ; il attrape le voleur, et lui arrachant le jambon :

« Pourquoi m'as-tu volé ? crie-t-il.

— Je n'ai pas pu me retenir.

— Eh bien ! ni moi non plus, je ne peux pas me retenir » — et, brandissant son lourd jambon, il en assène un coup terrible sur la tête du voleur qui chancelle et tombe... La police accourt, et les voilà partis pour le tribunal.

Arrivés devant le juge, chacun d'eux, pour se défendre, ne manqua pas de répondre : « *C'était plus fort que moi ; je n'ai pas pu me retenir.* »

Mais le juge n'entendit pas de cette oreille.

« *On peut toujours*, dit-il, *s'empêcher de mal faire* ; » — et, les condamnant tous les deux : « Vous apprendrez à vos dépens, vous, monsieur le voleur, à respecter le bien d'autrui ; vous, monsieur l'essommeur, à ménager la vie des gens, et à ne pas vous faire justice vous-même. »

(E. BELIN, *éditeur*).

10e LEÇON

Les sanctions de la loi morale.

Celui qui fait le bien est récompensé. — Celui qui fait le mal est châtié. — Récompenses et châtiments sont les sanctions de la loi morale.

Récit. — Un mauvais garnement.

Jean est un mauvais écolier. Il n'arrive jamais à l'heure à l'école; il y travaille le moins possible. Comme il sait rarement ses leçons, comme il rédige mal ses devoirs, le maître le met souvent en retenue.

Jeudi dernier, en compagnie de quelques mauvais sujets comme

lui, il voulut fumer une cigarette. Il en fut cruellement puni. Jamais il n'avait été aussi malade. Il était pâle comme un mort et il avait de continuelles envies de vomir.

Ne s'avisa-t-il pas, l'autre jour, d'aller voler des fruits dans le jardin d'un voisin ! Mal lui en prit, car le garde champêtre le surprit et l'emmena chez le propriétaire qui lui administra une sévère correction.

Ses camarades l'estiment si peu qu'ils ne veulent plus jouer avec lui. « Non, non, disent-ils, va jouer ailleurs, tu te conduis trop mal, nous ne voulons point de toi. » Les habitants du village lui refusent leur estime et plaignent sa mère d'avoir un si méchant enfant.

Jean n'est pas heureux, il n'a ni l'estime des autres, ni sa propre estime, car sa conscience lui reproche sa mauvaise conduite. Il en est ainsi de tous ceux qui se conduisent mal. La première condition pour être heureux, c'est d'observer la loi morale.

Questionnaire. — 1. Reproduire le récit de mémoire. — 2. Pourquoi Jean est-il un mauvais écolier ? — 3. Qui l'a puni après avoir fumé ? — 4. N'a-t-il pas maraudé et comment a-t-il été puni ? — 5. Ses camarades et les habitants du village l'estiment-ils ?— Par quoi est-il tourmenté ?

Résolution. — *Dans toutes mes actions, j'aurai pour guide ma conscience, éclairée par ma raison.*

11e LEÇON

Les sanctions de la loi morale (suite).

La satisfaction morale et le remords sont des sanctions de la loi morale. La conscience de chacun récompense ou punit, notre entourage nous juge bon ou mauvais ; la loi condamne. Ce sont là autant de sanctions. La nature aussi a ses sanctions.

Récit. — Le gourmand puni.

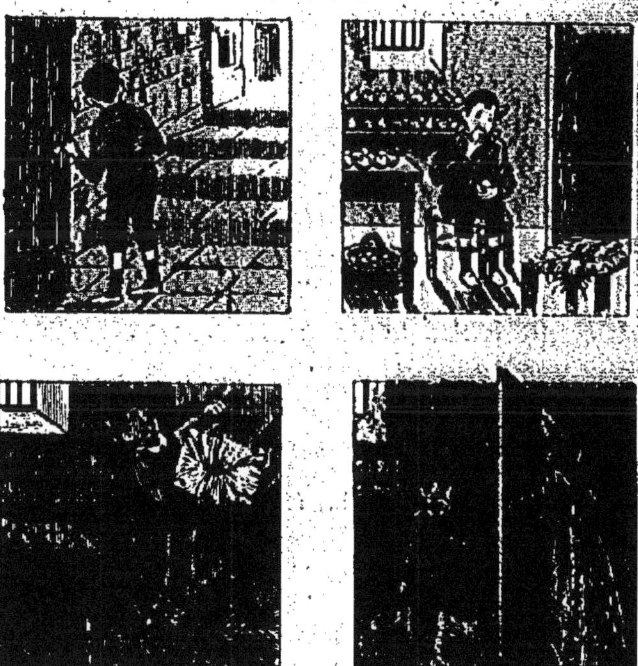

Paul est un petit gourmand. Un jour qu'il était seul à la maison, il descendit sans bruit l'escalier qui conduisait au fruitier. Il mangea une pomme, puis une seconde, puis une troisième. Sa gourmandise étant satisfaite, il se disposait à sortir du fruitier, quand un coup de vent en ferma brusquement la porte. Pas de clef en dedans. Paul était prisonnier. Il cria, appela, pleura, mais ce fut en vain, personne ne répondit à son appel. Il lui fallut rester longtemps enfermé comme dans un cachot. Le jour baissait, et notre gourmand, qui était de sa nature très poltron, tremblait de peur à la pensée qu'il lui faudrait passer la nuit dans le fruitier.

A la fin, cependant, ses cris furent entendus. Sa mère vint le délivrer et lui dit : « Que cette leçon te serve, mon enfant, corrige-toi de ta gourmandise ; tu vois qu'elle t'a conduit au vol et tu n'ignores pas qu'on emprisonne les voleurs. Pense à ce qu'ils doivent souffrir d'après ce que tu as souffert toi-même pendant les quelques heures de ta captivité ! »

QUESTIONNAIRE. — 1. Reproduire le récit de mémoire. — 2. Que fit Paul, un jour qu'il était seul ? — 3. Pourquoi était-il malheureux dans sa prison ? — 5. Qui l'a délivré ? Que lui a dit sa mère ?

RÉSUMÉ. — *La satisfaction du devoir accompli est la récompense qui a le plus de prix aux yeux de l'honnête homme. Le remords est pour lui la plus grave des punitions.*

L'enfant qui se conduit mal est toujours puni.

12e LEÇON

Les sanctions de la loi morale (fin).

Récitation du résumé. (Voir 11e leçon.)

LECTURE A COMMENTER

Histoire de Mlle Julie. (Mme Coignet.)

J'ai connu à la campagne, dans les Pyrénées, une vieille demoiselle nommée Mlle Julie.

Elle avait pour tout bien une maisonnette avec un jardin et un clos qui lui étaient venus par héritage ; de plus, une maigre pension de l'État, son père étant mort à l'armée. Mlle Julie avait eu de grands chagrins dans sa jeunesse. Elle ne s'était pas mariée pour se dévouer à ses parents, et, après leur mort, elle restait seule et se dévouait maintenant aux habitants du pays, trouvant moyen, avec son petit avoir, de leur venir en aide de mille manières.

Ce n'était pas seulement au soulagement matériel des autres qu'elle s'était dévouée, c'était aussi à leur développement moral.

Mlle Julie réunissait souvent, le soir, des jeunes gens et des jeunes filles pour leur apprendre à lire.

Aussi avait-on dans le pays un culte pour Mlle Julie. Dans toutes les chaumières on parlait d'elle avec admiration et on venait de tous les côtés pour la voir.

Il arriva qu'un jour où Mlle Julie faisait dans le pays une de ses longues tournées, le feu prit, on ne sut jamais comment, à sa maisonnette. L'habitation étant isolée et cachée par des arbres, personne ne s'en aperçut, de sorte qu'en rentrant, le soir, la propriétaire ne trouva à la place qu'un monceau de cendres.

Grand émoi dans le pays quand on apprit ce malheur. Et que se passa-t-il alors ?

Non seulement toutes les portes furent ouvertes à Mlle Julie, mais les habitants s'entendirent aussitôt, qui, pour fournir les matériaux, qui, pour diriger le travail, de sorte qu'une nouvelle habitation s'éleva bientôt à la place de la première, plus grande et plus commode. On se cotisa aussi pour les meubles ; les jeunes filles, de leurs doigts, refirent un trousseau, et le jour où l'on ramena chez elle Mlle Julie, fut un jour de fête.

CHAPITRE II

MORALE INDIVIDUELLE

13ᵉ LEÇON

Devoirs envers le corps. — La propreté.

L'hygiène nous recommande d'entretenir notre corps dans un état constant de propreté, si nous voulons nous bien porter. La morale nous fait un devoir d'être propre afin que la maladie et les infirmités ne nous gênent pas dans l'accomplissement de tous nos autres devoirs. Elle considère la vie comme un bienfait que nous n'avons pas le droit d'amoindrir.

RÉCIT. — Comment Philippe est devenu propre.

Mon cousin Philippe n'était pas un méchant garçon, mais il avait peur de l'eau froide et trouvait qu'il est bien inutile d'user tous les jours du peigne et de la brosse. Il fallait souvent le forcer à se laver les mains au moment de se mettre à table. « Pourquoi tant de soins ? » demanda-t-il un jour. Sa mère lui répondit : « Parce qu'il est indispensable d'être propre si l'on veut conserver sa santé. Vois le chien, le chat, l'oiseau comme ils se lavent. Regarde notre cheval, comme il paraît heureux quand on l'étrille, quand on le brosse, quand on le baigne. Leur instinct les avertit qu'ils tomberaient malades s'ils restaient malpropres. Et toi qui es intelligent, qui raisonnes, tu te montrerais inférieur aux animaux au point de vue de la propreté ! Vois comme on s'éloigne des gens malpropres, comme on a peu d'estime pour eux. Veux-tu donc qu'on s'éloigne aussi de toi et qu'on te méprise ?

« As-tu remarqué que toutes les fois que nous recevons un étranger ou un parent, la bonne redouble de soins pour que la propreté de la maison soit plus grande encore que d'habitude ? Pourquoi donc cet excès de propreté ? Pour témoigner notre respect au visiteur. Un enfant qui respecte ses parents ne les aborde jamais sans être très propre. A plus forte raison ne se met-il à table qu'après s'être lavé le visage et les mains de façon à ne mériter aucun reproche. »

Philippe aimait sa mère ; la pensée qu'il lui manquait de respect en restant malpropre lui donna le courage d'affronter l'eau froide et d'user largement du peigne et de la brosse.

Questionnaire. — 1. Que représentent les gravures du récit ? — 2. De quoi Philippe a-t-il peur ? — 3. Les animaux sont-ils propres ? — 4. Pourquoi le sont-ils ? — 5. L'homme a-t-il d'autres raisons d'être propre ? — 6. Pourquoi Philippe profita-t-il de la leçon de sa mère ?

Résolution. — *Je serai propre par respect de moi-même, pour me maintenir en bonne santé et pour ne pas être un objet de dégoût pour les autres.*

14e LEÇON

Devoirs envers le corps. — La propreté (suite).

La malpropreté est l'indice certain de mauvais penchants, c'est-à-dire d'un désordre moral, c'est pourquoi elle inspire le dégoût et fait naître l'aversion. La propreté indique au contraire le respect de soi et des autres et tous les sentiments qui en sont la conséquence. C'est pourquoi elle fait naître la sympathie.

Récit. — Sauvé de la ruine.

Un vitrier était allé dans une campagne voisine remettre une vitre à la devanture de la maison d'un restaurateur. Son travail terminé, le commerçant lui offrit un verre de vin et une conversation s'engagea. Le restaurateur se plaignit fort; les affaires n'allaient pas. « Je n'y comprends rien, disait-il, la maison était bien achalandée quand je l'ai prise et maintenant la clientèle l'abandonne pour fréquenter l'établissement d'en face où les consommations sont cependant moins bonnes qu'ici. »

— Si je ne craignais de vous fâcher, reprit le vitrier, je vous expliquerais pourquoi les affaires ne prospèrent pas. — Non seulement vous ne me fâcherez pas, mais je vous en serai reconnaissant. — Sachez donc que si chez votre concurrent les produits sont moins bons que chez vous, en revanche les nappes, verres et assiettes, etc., y sont d'une propreté parfaite. Nettoyez donc votre salle, vos tables, vos ustensiles, les carreaux, le parquet, que tout soit brillant, reluisant de propreté, vous verrez revenir vos anciens clients puisque vous êtes un cuisinier plus habile que votre concurrent.

Le conseil était bon. Il fut suivi et les affaires du restaurateur redevinrent prospères. La propreté le préserva de la ruine.

Questionnaire. — 1. Que représentent les gravures du récit ? — 2. Pourquoi le vitrier allait-il chez le restaurateur ? De quoi se plaignait celui-ci ? — 3. Pourquoi son établissement était-il déserté ? — 4. Quel conseil lui donna le vitrier ? — 5. Comment le restaurateur fut-il sauvé de la ruine ?

Résumé. — *Le premier devoir de l'homme envers son corps est de le tenir propre. La propreté c'est la santé. Elle nous rend sympathiques aux autres hommes et contribue à assurer notre bonheur.*

15e LEÇON

Devoirs envers le corps. — La propreté (fin).

Récitation du résumé. (Voir 14e leçon.)

LECTURE A COMMENTER

Soyons propres.

Il vous est bien arrivé de regarder des petits oiseaux dans des cages. Avez-vous vu avec quel bonheur ils prennent leur bain, quand l'eau de leur baignoire est propre ? Ils n'ont pas peur de l'eau froide, les pauvres petits captifs. Et leur bec glisse vite entre leurs plumes pour les lisser, les lustrer. Les oiseaux sont propres.

Voyez Mistigris, il s'est noirci en poursuivant une souris dans le charbon. Mais le voilà en train de réparer le dommage fait à sa robe. Il se lèche, il se brosse avec la patte. Il ne cessera de frotter qu'après la disparition des taches. Mistigris est propre.

Le vacher Colas lave ses vaches à grande eau. Il ne faut pas qu'on voie sur elles la moindre trace d'ordure. Les vaches se prêtent de bonne grâce à cette toilette. Elles aiment à être propres. Elles reconnaissent les bons soins de Colas en lui donnant un lait plus abondant et plus crémeux.

Le cheval est content quand on l'étrille, quand on peigne sa crinière et sa queue, quand on le baigne. Il aime la propreté.

Il y a cependant des enfants qui pleurent quand on les débarbouille. Il y en a d'autres qui oublient de se débarbouiller le visage. Ils ont les mains sales, les oreilles crasseuses, les cheveux ébouriffés. Ils n'ont même pas le courage du canari. La malpropreté les rend laids. Elle finira par les rendre malades.

(Behr et Piquet, *Éducation et instruction intégrales*, page 76. Librairie : La Nouvelle Édition.)

16e LEÇON

Devoirs envers le corps. — La tempérance et la sobriété.

La tempérance est une qualité qui nous fait éviter tout excès. La tempérance qui nous fait éviter plus particulièrement les excès dans le boire et le manger s'appelle la sobriété. Le défaut contraire à la sobriété est la gourmandise.

Récit. — Un gourmand.

C'est jour de congé, Louis est resté à la maison avec son jeune frère Alfred. Leur maman, obligée de sortir, a dit à Louis : « J'ai mis de côté deux tranches de pain pour votre goûter, tu prendras une pêche dans le buffet et tu en donneras une autre à ton frère. »

A l'heure du goûter, Louis appela Alfred qui jouait tranquillement au jardin. « Tiens, lui dit-il, voilà ton pain et ta pêche. Comme tu es le plus petit, je te donne la plus petite. » Alfred retourna sans protester à son jeu et Louis resta à la maison. La pêche était succulente et, à en juger par l'aspect, celles qui restaient ne devaient pas être moins bonnes. « Si j'en mangeais une seconde, qui le saurait ? Il y en a trop dans le panier pour que maman les ait comptées. » La deuxième pêche fut suivie d'une troisième, puis d'une autre : si bien que notre gourmand en eut une indigestion qui le rendit très malade.

La maman, en rentrant, le vit, la mine défaite et souffrant beaucoup. Elle ne le plaignit point parce que les gourmands ne sont pas à plaindre quand il leur arrive de se rendre malades. Ils sont punis par leur gourmandise même. Soyons sobres. L'homme sobre se porte toujours bien et vit longtemps.

QUESTIONNAIRE. — 1. Que représentent les images du récit ? — 2. Qu'avait dit la maman à Louis ? — 3. Pourquoi Louis donne-t-il à son frère la plus petite pêche ? — 4. Que pensez-vous de cette manière d'agir ? Que fit Louis ensuite ? — 5. Que lui arriva-t-il et que pensez-vous des gourmands ? — Quels sont les avantages de la sobriété.

RECOMMANDATION. — *Si tu ne veux pas fatiguer ton estomac et altérer ta santé ne sois pas gourmand. Quitte la table avant d'avoir satisfait entièrement ton appétit.*

17e LEÇON

Devoirs envers le corps. — La tempérance et la sobriété (suite.)

Manger et boire avec excès sont des fautes graves. Celui qui mange et boit avec excès compromet sa santé et se dégrade aux yeux des autres hommes.

RÉCIT. — **Chez le docteur.**

Un gros rentier, au teint très coloré, constatait que depuis quelque temps sa santé périclitait. Il avait de violentes migraines, de fréquents maux d'estomac ; il ressentait de vives douleurs dans une jambe. Il se décida à aller consulter un docteur.

Le médecin l'examina avec attention et lui dit : « Vous avez bon appétit sans doute ? — Oui, docteur, je mange bien. — Vous préférez les viandes très nourrissantes : bœuf, mouton, gibier, etc., et vous ne vous en privez point ? — C'est vrai, docteur, mais la bonne nourriture ne peut pas faire de mal. — Vous avez sans doute une opinion aussi favorable du bon vin dont vous faites un usage à peine modéré, sans compter le café avec cognac qui vous aide à digérer? — Comme tout le monde, docteur. — Au besoin, vous ne négligez pas d'y ajouter le petit verre de liqueur : chartreuse, anisette, en fumant votre cigare? — Sans doute, quel inconvénient y voyez-vous? — Mais aucun, Monsieur, continuez ce régime et, selon vos habitudes, levez-vous tard, évitez toute fatigue, promenez-vous en voiture plutôt qu'à pied et je vous promets que

vous serez bientôt l'un de mes plus fidèles clients. La goutte vous guette, Monsieur, à moins que l'apoplexie ne la devance. Il n'y a qu'un remède à votre cas : mettez-vous à la diète, faites de l'exercice et rendez-vous utile. »

Le docteur eût pu ajouter : « Il est dégradant pour un homme d'employer son temps à manger, boire, dormir et à ne rien faire même quand il est rentier et il est juste que les souffrances physiques le fassent réfléchir aux inconvénients d'une existence aussi vide. »

Questionnaire. — 1. Que représentent les gravures du récit? — 2. Pourquoi le personnage venait-il consulter le médecin? De quoi se plaignait-il? — 3. Quelles questions lui pose le docteur? — 4. Le malade aimait-il les exercices physiques? Pourquoi faut-il être sobre? Qu'est-ce que la diète?

Résumé. — *Il faut manger et boire pour vivre, mais il est mal de manger et de boire à l'excès, d'être intempérant. La sobriété, au contraire, et la frugalité sont de précieuses qualités. Notre dignité et notre intérêt nous commandent d'être tempérants.*

18e LEÇON

Devoirs envers le corps. — La tempérance et la sobriété (fin).

Récitation du résumé. (Voir 17e leçon.)

LECTURE A COMMENTER

La petite gourmande.

Marianne était si gourmande qu'elle se donnait souvent des indigestions qui la rendaient bien malade.

Un jour, une voisine l'appela pour garder sa petite fille... Marianne était très obligeante et y alla tout de suite. Voyant un pot devant le feu de la voisine, elle voulut savoir ce qui était dedans. Elle le découvrit et sentit une bonne odeur de pruneaux. Comme elle aimait beaucoup les pruneaux cuits, elle eut grande envie d'y goûter; cependant elle se dit qu'elle ne devait pas toucher au repas de cette femme en son absence; mais, poussée par sa gourmandise, elle pensa qu'en mangeant deux ou trois pruneaux, elle ne ferait pas grand tort au souper de la voisine.

. . . .

Ayant pris la cuiller, elle la remplit de pruneaux bien appétissants et souffla dessus pour les faire refroidir. Au même moment, elle entendit la voisine qui revenait de la rivière; au lieu de remettre les pruneaux dans le pot, la gourmande les mit dans sa bouche et posa bien vite la cuiller à sa place, après avoir recouvert le pot. Marianne rendit l'enfant à la mère et courut chez elle, sans répondre à cette femme qui lui criait : « Ne t'en va donc pas si vite ! petite, tu vas souper avec nous. J'ai un plat de ces bons pruneaux que tu aimes tant ; reste donc ! »

Mais Marianne ne tourna même pas la tête, car les pruneaux qu'elle avait dans la bouche la brûlaient si fort qu'elle en pleurait. Elle rentra chez elle, rouge comme la crête d'un coq, et cracha bien vite les pruneaux dans les cendres du foyer, puis elle courut s'emplir la bouche d'eau fraîche pour apaiser le grand mal qu'elle ressentait, car elle s'était brûlée jusqu'à la chair vive.

Sa mère, après l'avoir bien grondée, la mit au lit et dit à tout le monde que Marianne avait la fièvre ; ce qui, du reste, était vrai ; pour rien au monde, elle n'aurait voulu qu'on sût que sa fille avait volé des pruneaux. La petite gourmande resta quatre jours sans pouvoir ni manger ni parler, et pendant plus d'une semaine elle ne vécut que de bouillie.

Marianne supplia sa mère de ne jamais dire à son père ni à personne la cause de sa maladie.

Cette aventure lui causa tant de honte qu'elle se corrigea entièrement...

(Mme Z. Carraud, *Contes et historiettes*. Librairie Hachette et Cie.)

19ᵉ LEÇON

L'alcoolisme.

Celui qui s'enivre perd la raison. Il s'abaisse ainsi volontairement au niveau de la brute. Il fait le malheur de sa famille et tombe à la charge de la société pour laquelle il peut devenir un danger.

Récit. — Vilaine rencontre. L'ivrogne.

On rencontre malheureusement trop souvent des gens qui boivent avec excès des boissons alcooliques ou qui s'enivrent avec de l'eau-de-vie, de l'absinthe et autres poisons d'un débit courant dans les cabarets et les cafés. Ce sont des ivrognes. Vous en avez tous vu, mes enfants, parcourir les rues en zigzaguant et tomber dans le ruisseau. Ils n'inspirent pas de pitié ; « c'est un ivrogne », dit-on, et l'on se détourne avec dégoût de cet attristant spectacle.

Pendant que l'ivrogne se vautre ainsi dans la boue, injuriant ceux qui l'approchent, ayant perdu sa raison et tout sentiment de sa dignité d'homme, sa femme et ses enfants sont dans une inquiétude mortelle. Ils manquent du nécessaire. Ils redoutent la colère de celui qui cause leur profonde misère. C'est un fou qu'il faudra faire enfermer dans un asile d'aliénés, car il deviendra capable, sous l'influence de l'alcool, de commettre un crime.

Est-il possible que l'homme, qui est un être raisonnable, ruine ainsi sa santé, perde le sentiment de sa dignité, fasse souffrir ceux qu'il a le devoir de soutenir et de protéger, devienne un objet d'horreur pour les autres hommes et s'expose à commettre un crime ou à finir sa vie dans une maison d'aliénés ! Songez aux terribles consé-

quences de l'ivrognerie, mes enfants, et prenez dès maintenant la résolution de ne jamais boire d'alcool.

QUESTIONNAIRE. — 1. Que représentent les gravures du récit ? — 2. Quelles sont les conséquences de l'ivrognerie pour l'ivrogne ? — 3... pour sa famille ? — 4... pour la société ?

RÉSOLUTION. — *Je ne me laisserai jamais aller à l'ivrognerie. Je ne boirai jamais d'alcool.*

20e LEÇON

L'alcoolisme (suite).

Les boissons fermentées (vin, bière, cidre) consommées avec modération ne sont pas malfaisantes, mais elles ne valent pas l'eau pure qui est la seule boisson indispensable à tous les animaux.

Récit. — Buveurs d'eau.

Entrez donc, mon ami, vous allez prendre un verre de vin ! — Impossible d'accepter, monsieur, je ne bois que de l'eau. — Votre médecin vous défendrait-il, par hasard, l'usage du vin ? — Mon médecin ne me l'a pas défendu car je ne suis pas malade. — Alors, vous avez tort ; le bon vin, voyez-vous, il n'y a que cela pour vous rendre vigoureux. — Je n'en crois rien et m'en rapporte là-dessus à l'opinion de l'un des plus grands hommes de l'Amérique, Franklin. — Franklin ? — Oui, monsieur, Franklin qui était la sobriété même. Voici ce qu'il raconte :

« A Londres, dans l'atelier où je travaillais, je ne buvais que de l'eau ; les autres ouvriers, au nombre d'environ cinquante, étaient de grands buveurs de bière. Je portais par occasion un fort casier de chaque main, en montant et en descendant les escaliers, tandis que les autres employaient les deux mains pour en porter un seul. Ils étaient surpris de voir, par cet exemple et par quelques autres, que l'Américain aquatique, ainsi qu'ils avaient coutume de m'appeler, était plus vigoureux que ceux qui buvaient de la bière. Le garçon brasseur était suffisamment occupé pendant la journée entière à servir notre maison. Mon compagnon buvait chaque jour une pinte de bière avant son déjeuner, une à dîner, une autre vers six heures du soir et une après son travail. Cette habitude me paraissait détestable; mais il avait besoin, disait-il, de tout ce breuvage pour acquérir la force de travailler. »

Imitons Franklin. C'était un buveur d'eau et il mourut à quatre-vingts ans, sans infirmités.

Questionnaire. — 1. Que représentent les gravures du récit? — 2. Racontez la conversation du monsieur qui offre un verre de vin. — 3. Le vin est-il une boisson indispensable? — 4. Rappelez à ce propos l'opinion de Franklin.

Résumé. — *L'eau pure est la boisson la plus naturelle pour l'homme. Certaines personnes ne boivent que de l'eau et s'en trouvent bien; quelques-unes aromatisent cette eau. Beaucoup d'autres ont pris l'habitude des boissons fermentées : vin, bière, cidre. On ne doit user que modérément de ces boissons.*

L'alcool pris sous forme d'eau-de-vie ou de liqueurs est préjudiciable à la santé. Il est sage de s'en abstenir.

21e LEÇON

L'Alcoolisme (fin).

Récitation du résumé. (Voir 20e leçon.)

LECTURE A COMMENTER

I. — La Mort choisissant un premier ministre.

La Mort, reine du monde, assembla certain jour
Dans les enfers toute sa cour.
Elle voulait choisir un bon premier ministre
Qui rendit ses Etats encor plus florissants.
Pour remplir cet emploi sinistre,
Du fond du noir Tartare avancent à pas lents
La Fièvre, la Goutte et la Guerre.
C'étaient trois sujets excellents :
Tout l'enfer et toute la terre
Rendaient justice à leurs talents.
La Mort leur fit accueil. La Peste vint ensuite;
On ne pouvait nier qu'elle n'eût du mérite.
Nul n'osait lui rien disputer,
Lorsque d'un Médecin arriva la visite.
Et l'on ne sut alors qui devait l'emporter.

La Mort même était en balance ;
Mais les Vices étant venus,
Dès ce moment la mort n'hésita plus :
Elle choisit l'Intempérance.

FLORIAN.

II. — Guérison d'un jeune ivrogne.

Un jeune charretier, qui abusait déjà de l'eau-de-vie, était en passe de devenir alcoolique.

« Mon ami, lui dit son médecin, vous mourrez bientôt si vous ne renoncez pas à l'alcool, qui est un poison.

— Je ne puis, docteur, j'y suis trop accoutumé. Chaque jour il faut, malgré moi, que je boive ce flacon d'eau-de-vie.

— Eh bien, reprit le médecin, demain je vous apporterai un excellent remède. »

Le lendemain, en effet, le docteur, apporta au malade une petite boîte qui semblait venir de chez un pharmacien, mais qui était tout bonnement remplie de petits cailloux.

« Chaque jour, dit-il, vous aurez soin de jeter dans votre maudit flacon une de ces petites pierres ; mais il faudra chaque jour les y laisser. Vous verrez que bientôt l'alcool ne vous fera plus aucun mal. »

Qui fut dit fut fait. Ainsi, chaque jour, et sans qu'il y prît garde, notre ivrogne buvait quelques gouttes de moins.

Quand le flacon fut plein de cailloux, le malade avait perdu sa déplorable habitude.

Celui qui fait journellement un effort pour se corriger devient peu à peu meilleur.

SCHMID (*Hachette, édit.*).

22e LEÇON

L'intelligence... L'instruction... Le jugement.

Un bon cultivateur doit être instruit dans la science agricole. Un bon ouvrier, dans n'importe quelle profession, doit aussi avoir étudié les choses de son métier.

RÉCIT. — **Il faut s'instruire.**

Léon serait-il malade, qu'il manque la classe si souvent, madame

Jourdain ? — Non, monsieur l'instituteur, mais il garde les bêtes aux champs. Il n'aime pas beaucoup l'école et comme il veut être agriculteur, nous croyons, son père et moi, qu'il en sait assez pour cultiver la terre.

— Monsieur Jourdain est aux champs, probablement ? — Oui, monsieur, il laboure là-bas, c'est un rude travailleur et il est à désirer que son fils lui ressemble. C'est que, pour récolter en juillet, il faut bien ensemencer en automne.

— C'est très vrai, madame, et il en est de la terre comme de

l'intelligence des individus. Elle aussi a besoin d'être cultivée. Comment voulez-vous qu'elle produise, si vous la laissez en friche ? En empêchant votre fils de fréquenter l'école, vous lui faites un tort considérable. Comment le pauvre enfant connaîtra-t-il les machines, les engrais, les moyens d'amender les terres, etc. etc., quand il cultivera la terre ? Un cultivateur ignorant, même laborieux, n'est qu'un cultivateur médiocre. Instruit, il arrivera à l'aisance avec moins de peine. Il saura faire ses affaires lui-même ; mesurer un champ, cuber son bois, faire sa correspondance, vérifier sa feuille d'imposition, etc. Ce sont là, madame, des avantages dont votre fils ne jouira jamais, si vous ne l'envoyez pas à l'école régulièrement. — Parlez-en donc à mon mari, monsieur l'instituteur, et je serai pour ma part très heureuse si vous réussissez à le convaincre qu'il compromet l'avenir de notre enfant en le retenant aux champs au lieu de l'envoyer à l'école.

Questionnaire. — 1. Que représentent les gravures du récit ? — 2. Pourquoi Léon ne vient-il pas en classe ? — 3. Aime-t-il l'école ? — 4. Ses parents apprécient-ils les bienfaits de l'instruction ? — 5. Que dit M. l'Instituteur ? Pourquoi faut-il s'instruire ?

Résolution. — *Je m'instruirai pour exercer intelligemment ma profession, pour mieux rendre service aux autres, pour être un bon citoyen.*

23e LEÇON

L'intelligence... L'instruction... Le jugement (suite).

Le routinier est l'ennemi du progrès. Il suit les chemins battus. Il est l'esclave de vieilles habitudes qu'il n'a pas l'énergie de changer. Les procédés nouveaux le déroutent ou l'effrayent.

Récit. — **Un cultivateur arriéré.**

L'instituteur alla trouver M. Jourdain dans les champs : « Il faut m'envoyer tous les jours votre petit Léon, monsieur Jourdain, autrement il n'apprendra rien, il ne pourra jamais faire un bon cultivateur. » — Bah! avec des bras robustes et du cœur à l'ouvrage, il saura bien faire valoir notre ferme ; les anciens n'en cherchaient pas tant et pourtant ils vivaient.

— Oui, ils vivaient misérablement avec des terres qui, bien cultivées, auraient pu leur procurer une large aisance. Ils ne savaient pas en tirer parti; leurs méthodes de culture étaient routinières, parce qu'ils ne les raisonnaient pas. — Vous avez beau dire, monsieur l'instituteur, les anciens avaient du bon. — Je n'y contredis pas, mais ce qui était bon autrefois ne nous suffit plus aujourd'hui. Que diriez-vous vous-même si, par respect des anciennes traditions, on vous obligeait à pratiquer encore la jachère, à renoncer aux assolements, aux engrais de commerce ? Votre voisin, M. Guérin, n'a-t-il pas transformé, par le drainage, un pré marécageux en un champ fertile ? — Oh! lui, il a de la chance; tenez ses vignes sont superbes cette année, les miennes sont grillées par la maladie, pourquoi donc les siennes ont-elles été épargnées ? — Pourquoi ? Mais parce qu'il les a traitées en temps utile par la bouillie bordelaise, il fallait suivre son exemple. — Je ne savais pas. — Pour savoir il fallait aller à l'école.

— Tout cela est bien compliqué, monsieur l'instituteur, et, ma foi, quand on est laboureur, ce n'est pas pour se casser la tête à faire tant de combinaisons.

— Vous avez tort, monsieur Jourdain, tout cela est au contraire très simple et ces exemples vous démontrent que les procédés des anciens ne sont pas toujours les meilleurs. Pourquoi certains cultivateurs laissent-ils encore perdre le purin de leur fumier? C'est parce qu'ils ignorent que cette partie liquide est la plus propre à engraisser la terre. C'est par l'instruction, voyez-vous, monsieur Jourdain qu'on apprend à raisonner juste, qu'on chasse la routine.

— Dès demain, monsieur l'instituteur, Léon retournera à l'école.

Questionnaire. — 1. Que représentent les gravures du récit ? — 2. Que pensait le cultivateur arriéré ? — 3. Que répondit l'instituteur ? — 4. Pensez-vous qu'il faut être instruit pour être cultivateur ? — 5. Comment chasse-t-on la routine ?

Résumé. — *Nous devons développer notre intelligence pour connaître de plus en plus la vérité.*

Les routiniers sont des ignorants : ils n'ont pas le courage de rompre avec les anciennes coutumes.

L'instruction est l'ennemie de la routine. Je fréquenterai l'école pour m'instruire.

24e LEÇON

L'intelligence... L'instruction... Le jugement (fin).

Récitation du résumé. (Voir 23e leçon).

LECTURE A COMMENTER

Un mauvais rêve.

Un jour Caton, l'un des hommes les plus sages de Rome, reçut la visite d'un de ses voisins de campagne, qui paraissait en proie à un grand trouble. « De quoi est-il question? lui demanda-t-il. — Ah! répondit le visiteur, d'une chose bien grave. Cette nuit, j'ai rêvé qu'un rat mangeait un de mes souliers. Toi, Caton, qui es un savant homme, explique-moi donc ce songe, où je dois entrevoir quelque calamité prochaine. » Caton avait une grande envie de rire, mais il se contint, prit un air très sérieux et sembla réfléchir profondément. Puis, voyant l'inquiétude croissante de son voisin : « Rassure-toi, lui dit-il; il n'y a là que demi-mal; mais le cas deviendrait tout à fait inquiétant, si... — Achève, de grâce... — Si, la nuit prochaine, ton soulier venait à manger le rat. »

Le campagnard, tout naïf qu'il était, comprit que Caton se moquait de lui, et se retira à la fois confus et irrité.

ROLLIN (*Ch. Delagrave, éditeur*).

25e LEÇON

Il faut vouloir. — La volonté.

Celui qui n'est pas capable de volonté, n'est pas un homme, c'est une girouette qui tourne à tous les vents ou une marionnette qui ne se met en mouvement que lorsqu'on tire les ficelles. Même enfant, il faut savoir vouloir.

RÉCIT. — Une girouette.

Vous avez tous vu la girouette placée au sommet de la toiture de la mairie. C'est une feuille de tôle mobile sur un pivot vertical et qui indique la direction du vent. Elle est presque toujours en mouvement, c'est la mobilité même. En ce moment, elle regarde le sud; dans une heure, elle aura obliqué à l'ouest; demain, peut-être, sa pointe sera tournée à l'est. Ce n'est pas qu'elle soit capricieuse, puisqu'elle n'est pas libre, elle est forcée d'obéir; elle ne peut pas ne pas tourner.

Elle est le symbole de l'inconstance, de l'irrésolution et ce n'est pas faire un compliment à quelqu'un que de l'appeler « girouette ». On veut dire par là qu'il n'a pas le courage de son opinion, qu'il change facilement de parti, qu'il n'a pas de volonté. L'individu « girouette » ne sait pas prendre résolument une détermination pour y conformer ses actes ; il est à la merci d'autrui, son infirmité morale lui cause souvent de cruels déboires. — Elle l'empêche de résister à ses passions et de travailler avec succès à son perfectionnement moral.

Questionnaire. — 1. Que représentent la gravure du récit ? — 2. Qu'est-ce qu'une girouette et qu'indique-t-elle ? De quoi est-elle le symbole ? — 3. Quand on dit d'un individu : c'est une girouette, qu'entend-on par là ? — 4. Qu'est-ce que « avoir de la volonté » ? — 5. Pourquoi faut-il avoir de la volonté ?

Résolution. — *On n'est un homme qu'à la condition d'être capable de volonté. J'agirai par moi-même. Je saurai vouloir.*

CHAPITRE III

QUALITÉS ET DÉFAUTS

26e LEÇON

Les défauts.

Il faut les combattre à mesure qu'ils naissent. Plus tard, il deviendrait bien difficile de s'en débarrasser.

RÉCIT. — **Un sage d'Orient et ses disciples.**

Un sage de l'Orient, interrogé par ses disciples sur la manière de combattre les vices, leur répondit par cette figure : il était alors dans un lieu planté d'arbres. Il commanda à l'un des disciples d'arracher un tout jeune arbre qu'il lui montra et le disciple l'arracha aussitôt sans aucune peine et d'une seule main. Il lui désigna ensuite un autre un peu plus grand; le jeune homme fut obligé d'employer les deux mains. Un de ses compagnons l'aida pour en arracher un troisième qui était plus fort; ils n'en vinrent à bout qu'avec assez de difficulté. Enfin, le sage leur en montra un qui était beaucoup plus gros. Tous les jeunes gens unirent leurs efforts et ne purent jamais réussir à le déraciner.

« Mes chers enfants, leur dit le sage, il en est ainsi de nos vices: au commencement, quand ils ne sont pas encore enracinés, il est facile de les arracher pour peu qu'on prenne soin de les combattre; mais, lorsque, par une longue habitude, on leur a laissé prendre de profondes racines dans le cœur, il est presque impossible de les extirper. »

Questionnaire. — 1. Que représentent les figures du récit? — 2. Que répondit le sage interrogé par ses disciples? — 3. De quoi les arbres sont-ils l'image dans ce récit? — 4. Pourquoi le premier arbre a-t-il été si facile à arracher? Pourquoi le second et le troisième résistent-ils davantage? — 5. Pourquoi le quatrième n'a-t-il pu être arraché? — 6. Quand faut-il se débarrasser de ses mauvaises habitudes?

Résolution. — *Je ferai tous mes efforts pour me corriger de mes défauts avant qu'ils aient pris trop profondément racine dans mon cœur.*

27e LEÇON

L'homme n'est ni entièrement bon, ni entièrement mauvais; il est perfectible et doit travailler à devenir meilleur. Le meilleur moyen de se perfectionner, c'est de faire chaque jour son examen de conscience.

Lecture. — Comment on combat ses défauts.

Le cahier de Franklin (G. Compayré).

Franklin avait, dans sa jeunesse, d'assez grandes dispositions à être vicieux; cependant, à force de se surveiller et de se maîtriser, il devint le plus sage et le plus vertueux des hommes. Il savait combien il importe de faire chaque jour un examen de conscience de ses actions. « Que fait le marchand qui veut s'enrichir? disait-il, il tient un compte exact de ses dépenses et de ses recettes. Que doit faire l'homme qui veut se perfectionner? Il faut que, chaque matin et chaque soir, il étudie l'état de son âme; qu'il se demande en quoi il a péché, en quoi il est devenu meilleur. »

Pour mieux réussir dans cet examen journalier de sa conscience,

Franklin imagina d'avoir un petit cahier où chaque jour il marquerait d'un trait noir chaque faute qu'il aurait commise, chaque manquement relatif à la vertu qu'il voulait acquérir. Il se rendait

ainsi compte des efforts qui lui restaient à faire, des tentations qu'il fallait éviter.

Peu à peu, les points noirs disparurent sur le cahier de Franklin, les pages du livre restèrent toutes blanches et son âme fut tout à fait pure.

G. Compayré.

(*Éléments d'instruction morale et civique*, Delaplane, éditeur.)

Questionnaire. — 1. Que représentent les gravures de la lecture ? — 2. Pourquoi Franklin faisait-il chaque jour son examen de conscience ? Que disait-il ? — 3. Qu'imagine-t-il pour réussir dans cet examen ? — 4. Franklin devint-il vertueux ? — 5. Doit-on laisser passer un seul jour sans s'améliorer ?

Résumé. — *Pour nous perfectionner, il faut nous bien connaître. Faisons fréquemment notre examen de conscience. Combattons nos passions et développons en nous les sentiments nobles et généreux.*

28e LEÇON

Récitation du résumé. (Voir 27e leçon.)

LECTURE A COMMENTER

Le chêne et l'arbrisseau.

Un jeune enfant, avec son père,
Se promenait dans un jardin,
Et ne songeait qu'à se distraire
De l'ennui qu'il avait essuyé le matin,
En étudiant sa grammaire,
Lorsqu'ils trouvèrent en chemin
Un arbrisseau dont la tempête
Avait courbé la tige et ployé la tête,
En forme à peu près d'un berceau.
A cet aspect, le sage père,
Voulant à son cher jouvenceau
Donner un avis salutaire :
« Mon fils, dit-il, prenez cet arbrisseau
« Et le rétablissez dans sa forme première.
— « Volontiers, papa, » dit l'enfant.
Aussitôt il le prend, et, sans beaucoup de peine,
Il le redresse au même instant.
— « Fort bien » dit le mentor; mais voyez-vous ce chêne
« Que son poids vers le sol entraîne ?
« Quoique déjà fort avancé,
« Il aurait bien besoin d'être un peu redressé,
« Allez aussi lui rendre ce service.
— « Oh ! oh ! » dit l'enfant en riant,
« Papa, pour moi quel exercice !
« Je le tenterais vainement,
« Mon bras est un peu trop novice.
« Je m'en serais chargé fort aisément
« Lorsque cet arbre était encore dans son enfance :
« Mais de le redresser ce n'est plus la saison,
« Et les bras mêmes de Samson
« Ne vaincraient pas sa résistance.
— « Oui, mon fils, vous avez raison »,
Reprit alors le père, « et cette expérience
« Pour vous doit être une leçon.

« Nos penchants dans le premier âge
« Sont faciles à corriger ;
« Mais on ne peut plus les changer,
« Quand ils sont raffermis par le temps et l'usage. »

RICHER.

(Morale par LOUBENS. Delagrave, édit.)

29e LEÇON

La colère.

On dit d'une personne qui se met en colère qu'elle ne se possède pas. Ce mot seul indique que la colère est une faute, car un homme doit toujours demeurer maître de lui-même.

RÉCIT. — Les deux batailleurs.

Alphonse et Nicolas sont gentils quand ils sont de sang-froid, mais il leur arrive parfois de se mettre en colère. Alors, ils n'écoutent plus rien, ne voient plus rien, ils ne sont plus maîtres d'eux-mêmes, on dirait des fous.

Dernièrement, dans la cour de l'école, ils se disputaient pour une futilité. Ils criaient, s'injuriaient, se menaçaient le bras levé et le poing fermé. Sans l'intervention du maître, la querelle dégénérait en rixe.

« Que faites-vous là ? enfants », leur dit-il. A sa voix, les deux champions se calmèrent et essayèrent d'expliquer l'objet de leur querelle. — Ils s'étaient heurtés en courant, paraît-il, et chacun attribuait à l'autre la responsabilité de l'accident. — « Petits sots, leur dit le maître, voulez-vous bien vous serrer la main et vous rappeler, une autre fois, qu'il vaut mieux rire de ces riens que de s'en fâcher. »

Ils sont bien laids les enfants en colère.

Questionnaire. — 1. Que représentent les gravures du récit ? — 2. Que s'est-il passé dernièrement dans la cour de l'école ? — 3. Pourquoi les enfants se sont-ils calmés ? — 4. Faut-il se maîtriser ? Comment le peut-on ?

Résolution. — *Je serai assez fort pour me maîtriser, c'est-à-dire pour ne jamais me laisser aller à l'emportement ou à la colère, car la colère est une sorte de folie dangereuse.*

30e LEÇON

Colère. — Douceur.

L'impatience aigrit et aliène les cœurs, la douceur les ramène, a dit Mme de Maintenon. C'est une observation trop juste, trop exacte, pour que nous ne nous efforcions pas de réprimer nos mouvements d'impatience et pour que nous n'apportions pas toute la douceur possible dans nos relations avec nos semblables.

Récit. — Plus fait douceur que violence.

Près d'une petite rivière habitent Daniel et Gilbert, deux frères d'humeur assez différente. Ils n'ont guère de commun que leur goût pour la pêche, on les voit en effet chaque soir monter en bateau pour aller poser au fond de la rivière deux verveux qu'ils ont fabriqués eux-mêmes. Que de soirées, ils ont passées à entrelacer le fil de chanvre destiné à en former les mailles ! — Chaque matin, dès l'aube, ils vont les relever, espérant que la pêche sera bonne. Hélas ! voilà près d'une semaine qu'ils n'ont capturé aucun poisson. Daniel en prend aisément son parti. « Tout vient à point à qui sait attendre », dit-il ; mais Gilbert est de mauvaise humeur et il se décourage facilement.

Un matin, comme de coutume, les deux frères levaient leurs verveux. Celui de Daniel était vide. Gilbert sentit une résistance,

une racine retenait le filet. Il tira d'abord doucement, puis plus fort sur le verveux sans réussir à le décrocher. Alors, dans un mouvement d'impatience, il tira brusquement le filet et le ramena tout déchiré sur la berge. Daniel accourut et lui montra de larges et brillantes écailles restées attachées au filet. Gilbert n'a plus de verveux, il va lui falloir plusieurs semaines pour en construire un autre. D'ici là il ne pourra plus pêcher. Voilà le résultat de sa violence.

Elle lui cause des regrets d'autant plus vifs que le lendemain, Daniel fit une pêche magnifique. Gilbert fera bien de se souvenir que « Plus fait douceur que violence ».

Questionnaire. — 1. Que représentent les gravures du récit ? — 2. Quel est le caractère de Daniel ? de Gilbert ? — 3. Quel fut le résultat de la violence de Gilbert ? — 4. Que fit Daniel le lendemain ? Qu'a promis Gilbert ?

RÉSUMÉ. — *Il ne faut rien faire dans la colère. Il faut être maître de soi pour agir selon la raison, la justice et la bonté. La douceur nous fait aimer. Ayons bon caractère et vivons en paix avec ceux qui nous entourent. La douceur est plus puissante que la violence.*

31e LEÇON

Colère. — Douceur. — Patience.

Récitation du résumé. (Voir 30e leçon.)

LECTURES A COMMENTER

I. — La douceur.

L'HIRONDELLE ET LE MOINEAU FRANC

Un jour le moineau franc disait à l'hirondelle :
« Comment faites-vous donc, la belle,
Pour vivre ainsi sans bruit, sans haine et sans courroux?
C'est tout le contraire chez nous,
Et du matin au soir, nous sommes en querelle;
Chacun de nous prétend qu'à son frère est le tort,
C'est à qui criera le plus fort :
On se bat, et la paix souvent naît de la mort.
— « Pour ramener la paix, répondit l'hirondelle,
Des cris, des combats et la mort !...
La manière est cruelle
Et paraîtrait chez nous indigne d'un bon cœur.
Nous avons bien aussi notre moment d'humeur,
Mais, fût-il encore plus terrible,
Je sais pour l'apaiser un moyen infaillible.
— Et quel est-il, dites-moi? — La douceur. »
Pour bien vivre en famille, et d'un ami, d'un frère,
Pour désarmer la voix et vaincre la colère,
Ce moyen, le plus simple, est toujours le meilleur.

EDMOND DE FONTANES.

II. — La patience.

LA PLANTE PRÉCIEUSE

Deux servantes, Marie et Marguerite, portaient chacune un panier très lourd : celle-ci murmurait continuellement et se plaignait de la pesanteur de son fardeau; celle-là en riait et en plaisantait comme s'il était léger. « Comment peux-tu rire? dit Marguerite ; ton panier est aussi lourd que le mien, et tu n'es pas plus forte que moi. — C'est parce que j'ai mis dans le mien une petite plante qui en diminue le poids. — De grâce, dis-moi, Marie, quelle est cette plante. Je voudrais en avoir pour alléger aussi mon panier. » Marie lui dit : « La plante précieuse qui rend tous les fardeaux légers, c'est la patience. »

SCHMID.

32e LEÇON

Égoïsme.

Ceux qui ne songent qu'à eux sont des égoïstes. Ils sont incapables de faire le bien. Chacun de nous doit s'appliquer à ne point leur ressembler.

RÉCIT. — **L'égoïste.**

En se promenant avec son grand-père, Aristide entendit un passant appeler son voisin « égoïste ». — Dis-moi donc, grand-père, ce que cela signifie.

— Un égoïste, mon petit ami, c'est celui qui ne pense qu'à lui, qui n'aime personne que lui, qui s'imagine volontiers que, dans le monde, tout est fait pour lui. On en rencontre souvent des égoïstes : c'est l'enfant exigeant, toujours mécontent de ce qu'on lui donne et qui voudrait davantage; c'est le petit garçon et la petite fille qui restent indifférents aux souffrances de leurs camarades; c'est le père qui dépense son argent au cabaret, sans se soucier des misères de sa famille; c'est le mauvais riche qui n'a aucune pitié pour les malheureux.

L'égoïste n'a pas d'amis. On dit qu'il manque de cœur. Il a aussi un mauvais caractère; il est susceptible, se froisse d'un manque d'attention et pourtant il n'a aucune prévenance pour les autres.

Toi, mon petit ami, pense surtout aux autres, compatis à leurs maux. Sois bon et bienveillant pour tout le monde et tu seras aimé.

QUESTIONNAIRE. — 1. Que représentent les gravures du récit ? — 2. Qu'est-ce qu'un égoïste ? — 3. Rencontre-t-on souvent des égoïstes ? Citez des exemples. — 4. L'égoïste est-il aimé de ses camarades ? — 5. Faut-il être égoïste ?

RÉSUMÉ. — *L'égoïsme est le vilain défaut de ceux qui ne pensent qu'à eux, qui ne vivent que pour eux.*

33e LEÇON

Envie. — Jalousie.

C'est folie d'envier le sort de ceux que la fortune semble favoriser; nous ne le connaissons que par des apparences qui sont souvent trompeuses. La jalousie, c'est la passion des êtres lâches ou médiocres.

RÉCIT. — Madeleine est envieuse et jalouse.

Madeleine a tout ce qu'il faut pour être heureuse. Sa maison est d'apparence modeste, mais l'intérieur en est confortable et agréable. « Que l'on est donc bien chez toi, lui disent quelquefois ses voisines ! » — « On est bien mieux encore dans le château que vous voyez d'ici. J'y suis entrée plusieurs fois. Ah ! les beaux meubles, les belles tentures ! Je m'attriste à la pensée que jamais je n'en aurai de semblables ! »

Si Madeleine fait à pied quelque bonne promenade, elle envie le sort de ceux qui passent en voiture. « Sont-ils heureux, ces gens-là, ils n'ont même pas la peine de marcher. »

Elle ne se doute pas que, parmi ceux qui se promènent ainsi en

voiture, il y en a beaucoup qui voudraient avoir sa robuste santé et ses bonnes jambes pour faire des promenades à pied.

Sa voisine Jeanne est beaucoup plus sage. On la voit toujours souriante. Elle se contente de peu et accepte gaiement la situation modeste dans laquelle elle est née. Jeanne sait que si la fortune procure des plaisirs, elle ne fait pas seule le bonheur. Elle se dit que c'est folie d'être envieuse. Elle considère ceux qui sont moins heureux qu'elle et travaille à les aider; c'est pour elle une source précieuse de jouissances. Pour être heureuse dans la vie, dit-elle, il faut surtout regarder au-dessous de soi et non au-dessus; les envieux et les jaloux ont une vie misérable.

QUESTIONNAIRE. — 1. Que représentent les gravures du récit ? — 2. Pourquoi Madeleine n'est-elle pas heureuse ? — 3. Pourquoi Jeanne est-elle heureuse ? — 4. Que faut-il pour être heureux ?

RÉSUMÉ. — *L'envie est le désir d'avoir les biens que possèdent les autres. C'est un vice honteux, qui rend sombre, maussade, calomniateur, querelleur.*

La jalousie est proche parente de l'envie. C'est un mauvais sentiment qu'on éprouve lorsqu'on ne possède pas les avantages obtenus par d'autres.

RÉSOLUTION. — *J'éviterai l'envie et la jalousie, car ce sont de vilains défauts.*

34e LEÇON

Egoïsme. — Envie. — Jalousie.

Récitation du résumé. (Voir 33e Leçon.)

LECTURE A COMMENTER

La corde cassée.

Guy et Nicolas se rendent à l'école. Ils semblent joyeux; on les croirait bons amis. Il n'en est rien cependant. La vérité, c'est qu'ils jouent volontiers ensemble, mais qu'ils ne s'aiment pas sincèrement. Ce sont deux petits *égoïstes* qui ne veulent même pas se prêter leurs jouets. Les égoïstes ne pensent qu'à eux. Je ne connais pas de plus vilain défaut que l'égoïsme. Il dessèche le cœur.

Tout à coup Guy et Nicolas aperçoivent sur la route une cordelette qu'un roulier avait probablement perdue. Ils se précipitent pour la ramasser. Chacun d'eux veut la posséder. Au lieu de s'entendre amicalement pour l'utiliser, ils tirent chacun par une extrémité sur la cordelette. Celle-ci, qui était en mauvais état, se rompt tout à coup, et voilà nos deux querelleurs qui tombent à la renverse. Ils se relèvent bientôt, meurtris et penauds, abandonnant sur la route la corde traîtresse.

L'aventure fut contée à M. l'Instituteur qui en parla dans ses leçons de morale. Espérons qu'elle servira à corriger les deux bambins de leur vilain défaut.

(*Éducation et instruction intégrales*, BEHR ET PIQUET. La Nouvelle Édition.)

35e LEÇON

Orgueil et Vanité. — Modestie.

Nous avons toujours tendance à nous croire supérieurs aux autres. Méfions-nous-en pour apprendre à nous estimer à notre juste valeur.

Récit. — L'orgueilleux.

Marcel est un orgueilleux. Il se croit supérieur à ses camarades et cherche à s'en faire admirer. Il parle souvent de la fortune de ses parents, de leurs relations, de leur influence. Vêtu de beaux habits, il affecte des airs dédaigneux pour ceux qui sont moins bien habillés que lui; il craint leur contact.

En classe, sa supériorité ne se manifeste pas, il est rare qu'il occupe le premier rang. Il s'en afflige et accuse le maître d'être injuste. C'est lui qui est injuste parce que son orgueil lui fait mal apprécier les qualités et les mérites des autres. Ses camarades ne l'aiment pas. S'il ne se corrige pas, il éprouvera plus tard des déceptions qui le feront cruellement souffrir.

L'orgueilleux est détesté. L'homme modeste au contraire est estimé. Les hommes supérieurs par l'intelligence, par les sentiments, par leurs travaux sont presque toujours remarquables par leur modestie.

Questionnaire. — 1. Que représentent les gravures du récit ? — 2. Faites le portrait de Marcel. — 3. Est-il juste ? — 4. L'orgueil et le vrai mérite vont-ils ensemble d'ordinaire ? — 5. Citez des exemples de grands hommes remarquables par leur modestie.

Résolution. — *Je veux éviter l'orgueil et m'appliquer à être modeste.*

36e LEÇON

Orgueil et vanité.

Le vaniteux aime à attirer sur lui l'attention; il parle de tout, de lui en particulier, il se fait valoir, de toutes les façons, il se vante. C'est un coq qui croit « que le soleil se lève pour l'entendre chanter ».

RÉCIT. — Le coq et le renard.

Un coq encore jeune et qui manquait d'expérience prenait un jour ses ébats loin de la ferme où il avait son poulailler. Un renard l'aperçut. Il s'approcha de l'oiseau sans défiance et lui tint à peu près ce langage :

« Sire, permettez-moi d'admirer votre belle taille, votre air fier et votre brillant plumage. J'ai entendu tout à l'heure votre voix sonore, jamais oiseau ne chanta mieux, si ce n'est votre père, que j'ai beaucoup connu autrefois. Il est vrai qu'il fermait les yeux en chantant.

— Oh! je puis faire ainsi, dit le coq, qui bat des ailes et ferme les yeux pour rendre son chant plus mélodieux.

A l'instant le renard s'élance, le saisit et court droit vers la forêt. Il traverse un champ où des chiens de berger se mettent à sa poursuite.

« Va, dit le coq, crie-leur : « Ce coq est à moi, vous n'en aurez rien. »

Le renard veut parler, il lâche le coq, qui s'envole sur un arbre voisin.

« Maudite soit la bouche qui parle quand elle devrait se taire », dit le renard confus.

« Maudit soit, répondit le coq, l'œil qui se ferme quand il devrait veiller. »

Cette petite histoire nous montre :

1° Qu'il faut se défier des flatteurs;

2° Qu'il ne faut point parler hors de propos;

3° Que dans un danger il ne faut point perdre la tête;

4° Qu'un rusé trompeur trouve souvent plus rusé que lui.

(*Cours pratique d'instruction intégrale.* BEHR ET PIQUET. Librairie. La Nouvelle édition.)

QUESTIONNAIRE. — 1. Reproduire de mémoire ce récit. — 2. Pourquoi le coq manquait-il d'expérience ? Quel moyen le renard employa-t-il pour tromper le coq ? — 3. Quel est le défaut qui a failli perdre le coq ? Qui s'est mis à la poursuite du renard ? Le coq avait-il perdu la tête ? Qu'est-ce qui le prouve ? — 4. Pourquoi le renard n'a-t-il pas réfléchi avant d'ouvrir la bouche ? — 5. Comment profiterons-nous de la leçon que nous ont donnée les deux animaux ?

RÉSUMÉ. — *Nous avons une tendance à nous exagérer nos qualités et à fermer les yeux sur nos défauts.*

Evitons l'orgueil et la vanité. Soyons modestes.

La modestie est souvent unie au vrai mérite ; la vanité à l'ignorance et à la sottise.

37e LEÇON

Orgueil et Vanité. — Modestie.

Récitation du résumé. (Voir 36e leçon.)

LECTURES A COMMENTER

I. — Léonce, l'orgueilleux.

L'orgueil est un défaut qui nous rend insupportable à tout le monde. Aimez-vous un camarade comme Léonce, qui ne daigne ni vous tendre la main ni vous parler ?

Il croit qu'il est bien au-dessus de vous ; à son avis, vous n'êtes pas dignes de jouer avec lui, de vous promener avec lui, d'être en classe à côté de lui. — Il s'imagine savoir tout faire beaucoup mieux que vous, avoir plus d'esprit, être plus savant.

Cependant cet orgueilleux n'est qu'un ignorant, un petit sot, et le plus souvent un maladroit qui ne fait rien de bien, ses parents et ses maîtres en sont très mécontents.

Généralement l'orgueil n'accompagne pas le mérite.

Un petit garçon instruit, intelligent, laborieux n'a pas d'orgueil, parce qu'il comprend que ce qu'il sait est bien peu de chose en comparaison de ce qu'il lui reste à apprendre.

II. — Léon, le modeste.

Léon est fils d'un riche cultivateur. Il est mieux habillé que la plupart de ses petits camarades, il a plus de jouets qu'eux et de plus beaux.

Vous pensez peut-être que cela le rend fier et orgueilleux ?

Pas du tout. Léon n'a pas d'orgueil.

Il joue avec les autres, il leur prête même ses jouets, et il ne leur fait jamais sentir qu'il est plus riche qu'eux.

Il a plus d'intelligence que beaucoup d'autres, il est plus instruit qu'eux ; néanmoins il n'en est pas plus fier et ne cherche pas à se prévaloir de sa supériorité.

Aussi, tous ses condisciples l'aiment et ne sont pas jaloux de lui. — Imitez Léon, mes enfants, ne soyez pas orgueilleux.

(Cuir, *les Petits Ecoliers*. Hachette et Cie.)

38e LEÇON

Mensonge.

Tôt ou tard, le mensonge est toujours découvert. Le menteur est alors méprisé et on ne le croit plus, même quand il dit la vérité. Respectons toujours la vérité dans nos rapports avec nos semblables; évitons la tromperie, la dissimulation.

Récit : **Le menteur confondu.**

Un chasseur maladroit, mais vantard et hâbleur, ne voulant point rentrer bredouille au logis, avait acheté à un campagnard un magnifique faisan et un superbe lièvre.

Un chasseur a bien le droit d'acheter du gibier si cela lui convient, mais celui dont il est question dans cette histoire eut le tort de s'attribuer le mérite d'avoir tué les deux pièces qu'il avait achetées. « J'ai tué le faisan dans les bruyères de Franchard et le lièvre dans les taillis de Veneux, disait-il, quelques jours après, à une dizaine d'amis réunis autour de sa table pour savourer l'excellent gibier. »

Pendant que chacun des convives vantait la chair délicate du lièvre, le fumet du faisan et félicitait le chasseur de son adresse, un paysan pénétra dans la salle.

— Bonjour, messieurs ! Excusez-moi si je vous dérange, dit-il, en s'adressant au maître de maison, mais je suis venu faire une livraison de paille chez votre voisin et j'ai pensé que vous ne trouveriez pas mauvais que je profite de l'occasion pour toucher les 2 francs qui vous manquaient l'autre jour quand vous m'avez acheté mon faisan et mon lièvre.

A cette révélation, tous les convives surpris se regardèrent. Le menteur confondu rougit, se troubla ; il ne put nier qu'il s'était vanté à tort et il fut contraint de subir jusqu'à la fin du déjeuner les plaisanteries de ses amis. La punition était dure, mais n'était-elle pas méritée ?

QUESTIONNAIRE. — 1. Que représentent les gravures du récit ? — 2. Qu'avait fait le chasseur vantard ? — 3. Que disaient les convives en mangeant le gibier ? — 4. Pourquoi le campagnard vient-il chez le chasseur ? — 5. Croira-t-on le chasseur maintenant ?

RÉSUMÉ. — *Nous avons une intelligence pour connaître la vérité. La parole nous a été donnée pour exprimer nos pensées. Celui qui altère volontairement la vérité, est un menteur. Il faut avoir le mensonge en horreur parce que c'est une lâcheté. La sincérité, la franchise sont les qualités opposées au mensonge.*

39e LEÇON

Vérité. — Sincérité.

Un honnête homme considère la vérité comme sacrée ; il la respecte en toutes circonstances. Un homme sincère ne dit que ce qu'il pense, que ce qu'il croit être la vérité. S'il lui arrive de se tromper, il reconnaît volontiers son erreur.

RÉCIT. — Histoire de Bara.

A treize ans, Bara s'était engagé comme volontaire dans l'armée républicaine pour combattre les royalistes. Il était doux, laborieux, et enflammé d'un ardent patriotisme. Un jour, comme il combattait en Vendée, il tombe dans une embuscade. Entouré de toutes parts par les Vendéens, il voit les fusils s'abaisser vers sa poitrine. Pourtant, frappés de sa jeunesse, les ennemis lui promettent la vie sauve s'il veut crier : Vive le roi ! Bara n'hésite pas. Il leur répond : Vive la République ! et tombe criblé de balles et de coups de baïonnettes.

Pourquoi admirons-nous cet enfant ? Il est mort pour la République, direz-vous : c'est vrai, mais sa mort a-t-elle été aussi directement utile que celle du chevalier d'Assas sauvant une armée sur-

prise ? — Non ; si Bara n'a pas crié : Vive le roi ! c'est parce qu'il n'a pas voulu mentir. Il a préféré la mort au mensonge. Il se serait considéré comme un lâche s'il avait renié son drapeau, sa foi républicaine, s'il avait parlé contre sa pensée.

La sincérité nous fait estimer ; elle honore celui qui la pratique et révèle en lui de précieuses qualités de courage et d'intelligence.

Questionnaire. — 1. Que représentent les gravures du récit. — 2. Pourquoi Bara s'était-il engagé ? — 3. Pourquoi refusa-t-il de crier : Vive le roi ! — 4. Pourquoi a-t-il préféré la mort au mensonge ? — 5. Estime-t-on les gens sincères ? Pourquoi ?

Résolution. — *A l'exemple de Bara, j'aimerai, je rechercherai, je respecterai la vérité.*

40e LEÇON

Mensonge. — Vérité. — Sincérité.

Récitation du résumé. (Voir 38e leçon).

LECTURES A COMMENTER

I. — La petite menteuse.

Malgré la défense de sa maman, Simone joue au ballon dans la chambre. Patatras ! le ballon a fait tomber un vase de fleurs, qui se casse en mille morceaux.

Au bruit, la maman arrive. Simone, très rouge, lui dit : « Maman, c'est le chat qui a cassé le vase. » La maman la regarde, ne lui dit rien, sonne le domestique : « Gustave, le chat a fait une grosse sottise, je ne veux plus de lui dans la maison ; mettez-le dans la rue. »

Quand Simone entend ces paroles, elle éclate en larmes : « Non, maman, ce n'est pas le chat, c'est la petite Simone qui a cassé le vase. »

(M. d'Allonne, *Education intégrale*. Behr et Piquet. Librairie : La Nouvelle Édition.)

II. — Les bergers.

Guillot criait au loup un jour, par passe-temps.
Un tel cri mit l'alarme aux champs ;
Tous les bergers du voisinage
Coururent au secours ; Guillot se moqua d'eux,
Ils s'en retournèrent honteux,
Pestant contre son badinage ;
Mais rira bien qui rira le dernier.
Deux jours après, un loup avide de carnage,
Un véritable loup-cervier,
Malgré notre berger et son chien, faisait rage
Et se ruait sur le troupeau.
« Au loup ! s'écriait-il, au loup ! » Tout le hameau
Rit à son tour. « A d'autres, je vous prie,
Répondit-on, l'on ne nous y prend plus. »

pond : Vive la République ! et tombe criblé de balles et de coups de baïonnettes.

Pourquoi admirons-nous cet enfant ? Il est mort pour la République, direz-vous : c'est vrai, mais sa mort a-t-elle été aussi directement utile que celle du chevalier d'Assas sauvant une armée sur-

prise ? — Non ; si Bara n'a pas crié : Vive le roi ! c'est parce qu'il n'a pas voulu mentir. Il a préféré la mort au mensonge. Il se serait considéré comme un lâche s'il avait renié son drapeau, sa foi républicaine, s'il avait parlé contre sa pensée.

La sincérité nous fait estimer ; elle honore celui qui la pratique et révèle en lui de précieuses qualités de courage et d'intelligence.

Questionnaire. — 1. Que représentent les gravures du récit. — 2. Pourquoi Bara s'était-il engagé ? — 3. Pourquoi refusa-t-il de crier : Vive le roi ! — 4. Pourquoi a-t-il préféré la mort au mensonge ? — 5. Estime-t-on les gens sincères ? Pourquoi ?

Résolution. — *A l'exemple de Bara, j'aimerai, je rechercherai, je respecterai la vérité.*

40e LEÇON

Mensonge. — Vérité. — Sincérité.

Récitation du résumé. (Voir 38e leçon).

LECTURES A COMMENTER

I. — La petite menteuse.

Malgré la défense de sa maman, Simone joue au ballon dans la chambre. Patatras ! le ballon a fait tomber un vase de fleurs, qui se casse en mille morceaux.

Au bruit, la maman arrive. Simone, très rouge, lui dit : « Maman, c'est le chat qui a cassé le vase. » La maman la regarde, ne lui dit rien, sonne le domestique : « Gustave, le chat a fait une grosse sottise, je ne veux plus de lui dans la maison ; mettez-le dans la rue. »

Quand Simone entend ces paroles, elle éclate en larmes : « Non, maman, ce n'est pas le chat, c'est la petite Simone qui a cassé le vase. »

(M. d'Allonne, *Education intégrale*, Behr et Piquet. Librairie : La Nouvelle Édition.)

II. — Les bergers.

Guillot criait au loup un jour, par passe-temps.
Un tel cri mit l'alarme aux champs ;
Tous les bergers du voisinage
Coururent au secours ; Guillot se moqua d'eux,
Ils s'en retournèrent honteux,
Pestant contre son badinage ;
Mais rira bien qui rira le dernier.
Deux jours après, un loup avide de carnage,
Un véritable loup-cervier,
Malgré notre berger et son chien, faisait rage
Et se ruait sur le troupeau.
« Au loup ! s'écriait-il, au loup ! » Tout le hameau
Rit à son tour. « A d'autres, je vous prie,
Répondit-on, l'on ne nous y prend plus. »

Guillot le goguenard fit des cris superflus :
On crut que c'était fourberie.
Menteur n'est jamais écouté,
Même en disant la vérité.

RICHER.

41e LEÇON

Travail. — Paresse.

L'homme est sur la terre pour travailler. Il doit de bonne heure se mettre en état de gagner sa vie par le travail. L'écolier paresseux n'inspire pas confiance pour l'avenir. Prenons dès l'école l'habitude du travail.

RÉCIT. — Le travail.

André chante gaiement en frappant sur l'enclume. « Est-il heureux, celui-là, dit Lucien qui l'entend ; il ne s'ennuie pas. » Ce Lucien, petit jeune homme oisif et désœuvré, ne fait rien ; il dépense l'héritage que lui ont légué ses parents. André ne s'ennuie pas parce que du matin au soir il travaille, parce que son esprit et ses mains sont occupés. L'ennui ne visite que les paresseux comme M. Lucien. « Qui ne fait rien n'est pas loin de mal faire », dit le proverbe.

Pour essayer de se distraire, pour tuer le temps, Lucien va au café et boit ; patience, bientôt il s'adonnera à l'alcoolisme, et l'oisiveté prouvera ainsi une fois de plus qu'elle est toujours la mère de tous les vices et de tous les malheurs.

Son patrimoine dissipé, Lucien, incapable de gagner sa vie, est réduit à implorer la charité publique. Quelle déchéance !

Pendant ce temps, André travaille. Il élève honnêtement sa famille. Il réalise quelques économies qu'il place à la Caisse d'épargne. Il connaît aussi le chemin de la Caisse des retraites pour la vieillesse. Il s'assure ainsi à l'avance le repos et la dignité de ses vieux jours en se mettant à l'abri du besoin.

QUESTIONNAIRE. — 1. Que représentent les gravures du récit ? — 2. Pourquoi Lucien n'est-il pas heureux ? — 3. André s'ennuie-t-il ? Pourquoi ? — 3. Suffit-il d'avoir de l'argent pour être heureux ? — 4. Pourquoi l'homme a-t-il été mis sur la terre ? — 5. A qui voudrez-vous ressembler ?

RÉSOLUTION. — *Je travaillerai pour me rendre utile, pour élever ma famille, pour secourir au besoin les malheureux, pour assurer le bonheur des miens et la dignité de ma vieillesse.*

42e LEÇON

Le travail rend heureux.

Il est des gens qui considèrent le travail comme une punition : c'est au contraire le moyen de se rendre heureux. Grâce au travail, en effet, on se met à l'abri du besoin, de l'ennui et du vice. Le travail ennoblit l'homme.

RÉCIT. — Une famille de travailleurs.

La famille Renault vit dans l'aisance, elle est heureuse. Les Renault ne sont pourtant que des ouvriers qui travaillent rudement et recherchent peu les distractions. Chaque matin, le père se rend à l'atelier, le fils chez le forgeron où il est en apprentissage ; la mère soigne le ménage pendant que les deux filles confectionnent des vêtements pour un grand magasin.

La journée est parfois bien rude, bien fatigante, mais on a du cœur à l'ouvrage, de l'entrain et de la bonne humeur; on aime le travail et on ignore ce que c'est que l'ennui. Si, parfois, la lassitude se fait sentir, on l'oublie vite en pensant à l'heure du repos et au plaisir de se retrouver tous à la même table de famille.

Un frugal repas attend les travailleurs au sortir de l'atelier. La

mère les accueille avec un affectueux sourire. Ils mangent de bon appétit en s'entretenant des menus incidents de la journée, ils passent ensemble une soirée agréable.

Le jour de paye est un jour de fête; le père touche un salaire élevé parce que c'est un habile ouvrier, le fils, les filles apportent ce qu'ils ont gagné à leur mère qui sait en tirer parti.

On en prélève une partie pour la Caisse d'épargne, et on ajoute une friandise au menu ordinaire. Le plus riche financier n'est pas plus heureux que les Renault.

Questionnaire. — 1. Que représentent les gravures du récit? — 2. Pourquoi la famille Renault est-elle heureuse? — 3. Que font chacun des membres de la famille? — 4. Comment se passent les soirées? — 5. Que fait-on de l'argent gagné?

Résumé. — *Nous sommes sur la terre pour travailler. Mettons-*

nous donc de bonne heure en état de gagner notre vie par le travail. La paresse est un grave défaut; elle conduit à la misère et souvent au vagabondage, au vol et au crime.

Sous quelque forme qu'il se présente, le travail doit être honoré.

43e LEÇON

Travail. — Paresse.

Récitation du résumé. (Voir 42e leçon.)

LECTURE A COMMENTER

Une soupe bien gagnée.

Voici l'automne; de jeunes enfants vont ramasser les feuilles mortes. Ils ont descendu la côte en courant. Ce n'est point un jeu, c'est un travail. Mais ne croyez pas que ces enfants soient tristes parce qu'ils travaillent. Le travail est sérieux, il n'est pas triste.

Voilà les enfants à l'œuvre. Cependant le soleil qui monte réchauffe doucement la campagne. Des toits du hameau s'élèvent des fumées légères. Les enfants savent ce que disent ces fumées. Elles disent que la soupe aux pois cuit dans la marmite.

Encore une brassée de feuilles mortes et les petits ouvriers prendront la route du village. La montée est rude. Courbés sous le sac ou penchés sur la brouette, ils ont chaud et la sueur leur monte au front; ils s'arrêtent pour respirer.

Mais la pensée de la soupe aux pois soutient leur courage. Poussant et soufflant, ils arrivent enfin. Leur mère, qui les attend sur le pas de la porte, leur crie de loin : « Allons, les enfants, la soupe est trempée ! »

Nos amis la trouveront excellente. Il n'est si bonne soupe que celle qu'on a gagnée.

(ANATOLE FRANCE, *Morale pratique*. Calmann-Lévy, édit.)

44e LEÇON

Le Courage.

L'homme courageux qui entreprend un travail, s'efforce de le conduire à bonne fin. S'il ne réussit pas, s'il échoue, il ne se laisse pas aller au découragement, il persévère jusqu'au bout.

Récit. — Un échec.

Joseph Denis s'est présenté aux examens du certificat d'études. Comme il avait bien travaillé il avait de sérieuses chances de succès ! Mais une rédaction plus difficile qu'à l'ordinaire, un problème assez compliqué trompèrent ses espérances. Joseph fut refusé. En public, il ne fit pas voir son chagrin, mais rentré à la maison, il ne put retenir ses larmes et se laissa aller au découragement.

« C'est fini, dit-il à son père, jamais je n'aurai mon certificat. Il vaut mieux que je ne retourne pas en classe et que j'apprenne un métier tout suite. » — Il faut raisonner tout autrement, lui répondit son père. Tu n'as pas réussi aujourd'hui et je conçois ta peine, mais le malheur est réparable. Il ne faut jamais dire : « C'est fini ! » Rien n'est fini, quand on a de la volonté, de l'énergie.

Les revers grandissent l'homme courageux au lieu de l'abattre. Veux-tu être parmi les faibles qui ne savent que se désoler ? Non, n'est-ce pas ? Eh bien ! prends des résolutions comme un enfant courageux, comme un petit homme. Dis-toi ceci : « La chance a été contre moi, j'ai fléchi sur ce point et sur cet autre, l'an prochain, je prendrai ma revanche et je réussirai. »

QUESTIONNAIRE. — Que représentent les gravures du récit ? — 2. Pourquoi Joseph n'a-t-il pas réussi à l'examen ? — 3. Avait-il raison de se laisser aller au découragement ? — 4. Que lui a dit son père ? — 5. A la place de Joseph, quelle résolution auriez-vous prise ?

RÉSUMÉ. — *Le courage est la force d'âme qui nous permet d'accomplir tous nos devoirs malgré nos passions et les obstacles que nous pouvons rencontrer. Quand on échoue dans une entreprise, il ne faut pas se décourager. A la longue, le succès récompense les efforts persévérants.*

45e LEÇON

Courage.

Récitation du résumé. (Voir 44e leçon.)

LECTURE A COMMENTER

Le courage.

Un jour Paul, en courant, donna contre une pierre,
Il était maladroit; mais il fut courageux,
Et, sans pousser un cri, recommença ses jeux,
Pour ne pas effrayer sa mère.
Il avait une bosse au front, mais il riait,
Disant : « Je n'ai pas mal » à sa sœur qui criait.
Son père dit : « Bravo ! Cette bosse à ton âge
Ne t'enlaidira pas : c'est celle du courage. »

RATISBONNE.

(*La Comédie enfantine*. Edit. Hetzel et Delagrave.)

46e LEÇON

Ordre. — Désordre.

Le bon écolier a de l'ordre et du soin. Ces précieuses qualités lui font gagner du temps et aident sa mémoire.

RÉCIT. — Nécessité de l'ordre.

Maxime n'a pas d'ordre. Hier, à la leçon de dessin, Maxime,

cherche dans son casier, retourna son plumier : « Monsieur, on m'a pris ma gomme ! » — Il n'y a pas de voleur ici, mon ami, et on n'accuse pas si légèrement ses camarades, cherchez-la. » La gomme resta introuvable ; le maître dut lui en prêter une. « Monsieur, j'ai perdu mon crayon ! » — « Quelle négligence ! quelle

étourderie ! Alfred pourra, j'espère, vous en prêter un ! » Ce n'est pas tout : « Monsieur, je n'ai plus ma règle ! » On prêta une règle. Maxime commença son travail à la fin de la leçon et ne fit rien qui vaille. « Je vous laisse le soin de juger votre conduite, dit le maître. Vous avez perdu votre temps, vous avez gêné et ennuyé tout le monde. Plus tard, des conséquences plus graves puniront un désordre plus grand et vous gâterez votre bonheur et celui des autres.

Maxime a compris la leçon et promis d'avoir plus d'ordre à l'avenir.

Questionnaire. — 1. Que représentent les gravures du récit ? — 2. Pourquoi Maxime cherche-t-il constamment ses affaires ? — 3. De quoi se plaint Maxime et que répond le maître ? — 4. Pourquoi Maxime sera-t-il malheureux s'il ne se corrige pas ? — 5. Voulez-vous imiter Maxime ?

Résolution. — *L'ordre, le soin sont des qualités précieuses que je m'efforcerai d'acquérir pendant que je suis jeune.*

47e LEÇON

Économie.

L'ouvrier qui n'économise rien sur son salaire est un imprévoyant. Le chômage, la maladie le plongent dans une misère profonde. Il devra subir dans sa vieillesse, l'humiliation d'implorer des secours.

RÉCIT. — Pour être riche.

Au sortir de l'école, Paul et Maurice ont pris des directions différentes. Le premier est établi à la ville, il gagne largement sa vie dans le commerce, mais il dépense tout son gain. Sa maison est tenue avec luxe et les frais d'entretien en sont considérables. Madame fait beaucoup de toilette, elle a plusieurs domestiques à son service; les enfants sont en pension et rien n'est épargné pour leur donner une brillante éducation. Paul lui-même fait de grandes dépenses au café où il passe ses soirées à boire et à jouer; son sort semble enviable; il n'en est rien pourtant : qu'un événement malheureux se produise dans son commerce, Paul et sa famille seront dans la misère.

Maurice, au contraire, est un simple ouvrier ébéniste ; il gagne cinq francs par jour et n'en dépense que trois. Sa femme le seconde merveilleusement ; la cuisine est peu recherchée, mais elle est bonne ; on s'habille à peu de frais, les enfants suivent l'école primaire et sont très bien élevés. Maurice a déjà des économies. Plus tard, il établira convenablement ses enfants et il aura une vieillesse heureuse.

C'est l'économie et non le gain qui est la source de la richesse. Il ne suffit pas de gagner beaucoup d'argent, il faut savoir en économiser. Celui qui ne met rien de côté restera toujours pauvre. Au contraire, celui qui épargne un peu tous les mois s'assure une vieillesse heureuse.

QUESTIONNAIRE. — 1. Que représentent les gravures du récit ? — 2. Quel est le genre de vie de Paul ? — 3. de Maurice ? — 4. Pourquoi Paul sera-t-il malheureux plus tard ? Pourquoi Maurice sera-t-il heureux ? — 5. Qu'est-ce qui est la source de la richesse ?

RÉSUMÉ. — *L'économe met en réserve une partie de son gain. L'économie est un devoir de prudence et un devoir de dignité. Pour économiser il faut avoir de l'ordre. L'ordre est une qualité qui consiste à avoir une place pour chaque chose et à remettre chaque chose à sa place.*

48ᵉ LEÇON

Ordre. — Économie.

Récitation du résumé. (Voir 47ᵉ leçon.)

LECTURE A COMMENTER

Le sifflet.

Quand j'étais un enfant de cinq ou six ans, mes amis, un jour de fête, remplirent ma petite poche de sous. J'allai tout de suite à une boutique où l'on vendait des babioles ; mais, charmé du son d'un sifflet que je rencontrai en chemin dans les mains d'un autre petit garçon, je lui offris et donnai volontiers en échange tout mon argent. Revenu chez moi, fort content de mon achat, sifflant par toute la maison, je fatiguai les oreilles de toute la famille ; mes frères, mes sœurs, mes cousins, apprenant que j'avais tant donné pour ce mauvais instrument, me dirent que je l'avais payé dix fois plus qu'il ne valait : alors ils me firent penser au nombre de choses que j'aurais pu acheter avec le reste de ma monnaie, si j'avais été plus prudent ; ils me ridiculisèrent tant de ma folie, que j'en pleurai de dépit; et la réflexion me donna plus de chagrin que le sifflet de plaisir.

Cet accident fut cependant par la suite de quelque utilité pour moi, l'impression restant dans mon âme; aussi, lorsque j'étais tenté d'acheter quelque chose qui ne m'était pas nécessaire, je disais en moi-même : ne donnons pas trop pour le sifflet, et j'épargnais mon argent.

FRANKLIN.

CHAPITRE IV

MORALE SOCIALE.

1° La famille.

49e LEÇON

La famille. — Le père. — La mère.

Faibles au moment de leur naissance, les enfants ont grand besoin d'avoir auprès d'eux leur père et leur mère qui les élèvent. A cette tâche délicate d'élever leurs enfants, les parents apportent tout leur dévouement.

Récit. — Un bon père de famille.

Quand on parle de notre voisin M. Lenoir, on dit de tous côtés : « Quel bon père de famille ! » Que fait-il donc pour mériter cet éloge ?

Lenoir est forgeron et sa femme ménagère. Ils sont chargés de famille : quatre filles et deux fils, mais Lenoir ne se plaint pas. A chaque naissance, il dit : « Je travaillerai un peu plus pour que rien ne manque au nouveau venu. »

Et, en effet, ses enfants n'ont jamais manqué de rien. Ils sont vêtus proprement, ils ont bonne mine, indice d'une bonne santé. De plus, ils sont bien élevés et fréquentent l'école régulièrement.

Le salaire du père suffit à tout.

Plus tard, ces enfants feront de bons travailleurs comme leurs parents.

Inutile d'ajouter que Lenoir ignore le chemin du cabaret. C'est au sein de la famille qu'il se repose. Le dimanche, il cultive son jardin où il emmène tous les siens faire une promenade à la campagne. Toute la famille est heureuse. Lenoir mérite bien sa bonne réputation.

Questionnaire. — 1. Que représentent les g[illegible]res du récit ? — 2. Pourquoi dit-on de M. Lenoir : « C'est un bon père de famille » ? — 3. Comment sont traités les enfants ? — 4. Que fait Lenoir le dimanche ? Va-t-il au cabaret ? Sa famille est-elle heureuse ?

Résolution. — *Je serai un bon fils. J'aimerai mes parents de tout mon cœur ; je les respecterai ; j'aurai toujours recours à leurs conseils.*

50e LEÇON

La famille. — Le père. — La mère (suite).

C'est à la maison que, le plus souvent, la mère travaille. — Elle donne ses soins aux enfants, elle raccommode les vêtements et prépare les repas. Elle veille à tout, songe à tout. — C'est avec raison qu'on l'appelle la providence de la maison.

Récit. — Le dévouement d'une mère (H. Leclerc).

En mars 1864, à Vernouille, dans le Loiret, deux petites filles jouaient près d'un puits sans margelle. L'une d'elles, l'aînée, disparaît dans le gouffre. La plus jeune pousse des cris aigus, montrant le puits et courant affolée tout autour. La mère accourt et devine l'horrible vérité. Elle appelle au secours, mais n'écoutant que son cœur qui la presse et qui ne peut attendre des bras plus forts et mieux exercés, la voilà qui entre dans le puits. Elle pose ses pieds dans les interstices du mur, elle appuie son dos contre les parois humides et elle descend ainsi, pierre par pierre, à une grande profondeur. Arrivée à la surface de l'eau, à bout de force, mais sou-

tenue par son courage, elle saisit la robe de sa fille, qu'elle soulève de son mieux. Les voisins arrivent, lui jettent une corde ; elle la prend avec les dents et se soutient ainsi, elle et son précieux fardeau, jusqu'à ce qu'un homme dévoué descendant à son tour, eût apporté au jour la petite fille évanouie et la mère épuisée, suffoquée de terreur et d'angoisse.

Quel admirable trait de dévouement ! Est-il une affection plus complète, plus désintéressée, plus sublime que celle d'une mère ?

Questionnaire. — 1. Que représentent les gravures du récit ? — 2. Où se trouvaient les deux enfants et qu'arriva-t-il à l'aîné ? — 3. Que fit, la mère en entendant les cris de sa plus jeune fille ? — 4. Comment la mère et l'enfant ont-elles été sauvées ? — 5. Comment appelez-vous le sentiment qui a fait agir la mère ?

Résumé. — *Le père est le chef de la famille. Chaque jour, il travaille pour subvenir aux besoins matériels de sa femme et de ses enfants. La mère s'occupe de l'intérieur de la maison ; elle y fait régner, avec la concorde, la bonne humeur, l'ordre et la propreté. Son dévouement est sans bornes. Montrez-vous dignes de ce que font pour vous votre père et votre mère vous efforçant d'être d'honnêtes enfants.*

51e LEÇON

La famille. — Le père. — La mère (fin).

Récitation du résumé. (Voir 50e leçon.)

LECTURE A COMMENTER

La maman.

Qui nous aime dès la naissance?
Qui donne à notre frêle enfance
Son doux, son premier aliment?
C'est la maman.
Bien avant nous, qui donc s'éveille?
Bien après nous, quel ange veille,
Penché sur notre front dormant?
C'est la maman.
A nous rendre sages, qui pense?
Qui jouit de la récompense
Et s'afflige du châtiment?
C'est la maman.
Aussi, qui devons-nous sans cesse
Bénir pendant notre jeunesse,
Chérir jusqu'au dernier moment?
C'est la maman.

Mme A. Tastu.

52e LEÇON

Devoirs des enfants envers leurs parents. Amour filial.

L'affection appelle l'affection. — Personne ne nous aime autant que nos parents; aussi devons-nous avoir pour eux un attachement sans bornes.

Récit. — **Amour filial.**

Un ouvrier venait de perdre sa femme, qu'il aimait tendrement; pour comble de malheur, et par un de ces accidents trop fréquents dans l'industrie, l'explosion d'une machine lui creva les yeux. C'était

dans les interstices du mur, elle appuie son dos contre les parois humides et elle descend ainsi, pierre par pierre, à une grande profondeur. Arrivée à la surface de l'eau, à bout de force, mais sou-

tenue par son courage, elle saisit la robe de sa fille, qu'elle soulève de son mieux. Les voisins arrivent, lui jettent une corde ; elle la prend avec les dents et se soutient ainsi, elle et son précieux fardeau, jusqu'à ce qu'un homme dévoué descendant à son tour, eût apporté au jour la petite fille évanouie et la mère épuisée, suffoquée de terreur et d'angoisse.

Quel admirable trait de dévouement ! Est-il une affection plus complète, plus désintéressée, plus sublime que celle d'une mère ?

Questionnaire. — 1. Que représentent les gravures du récit ? — 2. Où se trouvaient les deux enfants et qu'arriva-t-il à l'aîné ? — 3. Que fit la mère en entendant les cris de sa plus jeune fille ? — 4. Comment la mère et l'enfant ont-elles été sauvées ? — 5. Comment appelez-vous le sentiment qui a fait agir la mère ?

Résumé. — *Le père est le chef de la famille. Chaque jour, il travaille pour subvenir aux besoins matériels de sa femme et de ses enfants. La mère s'occupe de l'intérieur de la maison ; elle y fait régner, avec la concorde, la bonne humeur, l'ordre et la propreté. Son dévouement est sans bornes. Montrez-vous dignes de ce que font pour vous votre père et votre mère vous efforçant d'être d'honnêtes enfants.*

51e LEÇON

La famille. — Le père. — La mère (fin).

Récitation du résumé. (Voir 50e leçon.)

LECTURE A COMMENTER

La maman.

Qui nous aime dès la naissance ?
Qui donne à notre frêle enfance
Son doux, son premier aliment ?
C'est la maman.
Bien avant nous, qui donc s'éveille ?
Bien après nous, quel ange veille,
Penché sur notre front dormant ?
C'est la maman.
A nous rendre sages, qui pense ?
Qui jouit de la récompense
Et s'afflige du châtiment ?
C'est la maman.
Aussi, qui devons-nous sans cesse
Bénir pendant notre jeunesse,
Chérir jusqu'au dernier moment ?
C'est la maman.

Mme A. Tastu.

52e LEÇON

Devoirs des enfants envers leurs parents. Amour filial.

L'affection appelle l'affection. — Personne ne nous aime autant que nos parents ; aussi devons-nous avoir pour eux un attachement sans bornes.

Récit. — **Amour filial.**

Un ouvrier venait de perdre sa femme, qu'il aimait tendrement ; pour comble de malheur, et par un de ces accidents trop fréquents dans l'industrie, l'explosion d'une machine lui creva les yeux. C'était la misère ajoutée au malheur ; il fallut mendier. Une fille lui restait, âgée de treize ans. Bonne, laborieuse, elle avait songé à devenir institutrice. Sa mère morte, son père aveugle, elle ne renonça pas à son dessein. On la voyait dans les rues, près de son malheureux père, la sébile d'une main, un livre de l'autre ; et la nuit, quand l'aveugle dormait, croyant sa fille endormie, sans bruit elle se

relevait et se remettait au travail. Le jour de l'examen venu, elle mena son père à sa place habituelle, et feignant de rentrer pour laver et coudre, elle alla subir ses épreuves... Cela dura trois jours, trois grands jours. A la fin du troisième, elle vint chercher l'aveugle, et, se jetant à son cou : « Père, lui dit-elle, père bien-aimé, vous ne mendierez plus ; notre pain est gagné. » Et elle se mit à lui raconter ce qu'elle avait fait à son insu ; comment elle avait préparé son examen, comment elle avait obtenu son brevet, et comment l'inspecteur d'académie qui assistait à l'examen, apprenant son malheur, avait promis de la placer bientôt. Le pauvre aveugle ne pouvait en croire ses oreilles ; il serrait sa chère enfant sur son cœur, et de grosses larmes coulaient de ses yeux éteints.

Peu de temps après, la vaillante jeune fille entrait dans son école, tenant son père par la main. Les enfants du village, qui déjà savaient son histoire, se pressaient autour d'elle avec amour et respect.

(Vessiot, *Instruction primaire*, 1888. E. Belin, éditeur.)

Questionnaire. — 1. Que représentent les gravures du récit ? — 2. Quels malheurs avaient affligé le père de la jeune fille ? — 3. Que fit celle-ci ? — 4. Que dit-elle à son père après l'examen ? — Quel est le sentiment qui a fait agir la jeune fille ?

Résolution. — *J'aimerai de tout mon cœur mes parents qui m'aiment tant eux-mêmes et qui me comblent de bienfaits.*

53e LEÇON

Devoirs des enfants envers leurs parents (suite). Respect filial.

La loi dit : A tout âge, l'enfant doit respecter et honorer ses père et mère. — Le respect se manifeste de toutes les manières et dans toutes les conditions.

Récit. — L'enfant respectueux.

Les parents de Marguerite sont des paysans qui ont amassé une modeste aisance par leur travail. Comme ils veulent que leur fille soit plus instruite qu'eux, ils l'ont mise en pension à la ville.

Ce n'est pas sans peine qu'ils se sont séparés de leur fille unique ; mais c'est pour le bien de l'enfant qu'ils s'imposent ce sacrifice. Tous les dimanches, ils vont passer la journée avec elle. Ces braves campagnards ont conservé le costume du pays et quand ils passent dans la rue, on les regarde ; quelques enfants mal élevés même si les montrent du doigt. Marguerite n'y fait pas attention et pour bien marquer qu'elle ne rougit pas de ses parents, elle les prend chacun par un bras pour rentrer à la pension.

« Pourquoi, disent les camarades de Marguerite, n'engages-tu pas tes parents à s'habiller à la nouvelle mode ? — Parce que je ne le désire pas du tout. Je tiens au contraire beaucoup à ce costume qui me rappelle mes années d'enfance. C'est ainsi habillés que je me représente mes bons parents travaillant pour moi. Ils ne l'ont jamais quitté, ce costume, et s'ils le changeaient, les habitants de notre village ne reconnaîtraient plus ces braves gens qui ont donné à tous l'exemple du bien, l'exemple du devoir.

« Le costume de mes parents, mais c'est une partie d'eux-mêmes. Or, comme je les aime de tout mon cœur, je les respecte et je respecte également leur costume. »

Marguerite a bon cœur.

RÉSUMÉ. — *L'amour pour les parents est le premier devoir de l'enfant. En les aimant, l'enfant obéit à un sentiment naturel qui peut s'accroître par la réflexion. L'enfant apprendra à aimer davantage ses parents s'il pense à tout ce qu'ils ont fait pour lui.*

Celui qui ne respecte pas ses parents est un ingrat, un mauvais cœur.

54e LEÇON

Devoirs des enfants envers leurs parents (suite). Amour et respect.

Récitation du résumé. (Voir 53e leçon).

LECTURE A COMMENTER

En famille.

Tous les enfants sortent de l'école. Il est quatre heures. Quelques-uns, qui n'ont pas assez joué pendant la récréation, organisent une partie de billes sur la place du village. Mais voilà un petit garçon qui n'a pas l'air de vouloir s'attarder en chemin. C'est peut-être parce que le jeu ne lui plaît pas. Détrompez-vous. Il jouerait volontiers, mais sa maman lui a dit :

« Mon petit Paul, reviens vite à la maison quand la classe sera finie ; j'ai besoin de toi pour garder ta petite sœur pendant que je préparerai le souper. »

Paul aime bien sa maman. Il ne voudrait pas lui faire de la peine en lui désobéissant. Il est trop heureux de pouvoir lui rendre service. Voilà pourquoi il n'a pas fait une partie de billes après l'école. Dès qu'il arrive à la maison, il embrasse gentiment sa maman, il prend sa petite sœur dans ses bras, et il s'amuse avec elle.

Pendant ce temps, sa mère prépare le dîner et met le couvert sur une table bien propre.

Le père arrive de son travail ; il a l'air bien fatigué. Mais tout le monde paraît si heureux de son retour, ses enfants l'embrassent de si bon cœur, la soupe qui fume sur la table a une si bonne odeur que la fatigue est vite oubliée. On se met à table et Paul surveille sa petite sœur en mangeant de bon appétit. Quand le souper est achevé, il raconte à son papa ce qu'il a fait à l'école et le père est heureux d'apprendre que son fils a bien travaillé :

« Tu es un bon petit garçon, lui dit-il, je suis content de toi. »

Paul est heureux. Il embrasse tout le monde et va se coucher avec la pensée qu'il a bien employé sa journée.

(*Cours pratique élémentaire d'instruction intégrale*, Behr et Piquet, Librairie : La Nouvelle Édition).

55e LEÇON

Devoirs des enfants envers leurs parents (suite). Obéissance.

L'enfant qui se soustrait à la surveillance de ses parents et n'écoute pas leurs conseils s'expose à toute espèce d'accident. — La première vertu des enfants, c'est l'obéissance. L'obéissance est une marque d'affection et de reconnaissance.

Récit. — Marcel le désobéissant.

Si les enfants savaient obéir, ils épargneraient à leurs parents et à eux-mêmes bien des chagrins et éviteraient bien des accidents.

Marcel est un gentil garçon de dix ans; il aime son père et sa mère, il est toujours prêt à leur rendre service, mais il a un grand défaut, il est désobéissant.

A plusieurs reprises déjà, sa maman lui avait défendu de

monter derrière les voitures, mais il n'avait point respecté cette défense.

Un jour, il partait pour l'école, quand un coupé attelé de deux trotteurs passa près de lui. Courir derrière la voiture et s'y suspendre fut un jeu pour notre écolier. Ainsi installé, il faisait l'important et avait l'air de dire aux camarades : « Voyez, je n'ai pas peur, je ne suis pas un poltron ! »

Mais quand il voulut descendre, il calcula mal son élan, tomba et se fit une grave blessure à la tête. Marcel fut porté chez lui en piteux état. Sa mère lui prodigua les soins les plus tendres. Il promit d'être obéissant à l'avenir.

Les enfants apprennent souvent à obéir à leurs dépens. Marcel s'en souviendra.

Questionnaire. — 1. Que représentent les gravures du récit ? — 2. Pourquoi Marcel a-t-il désobéi ? — 3. Comment a-t-il été puni de sa désobéissance ? —

4. Pourquoi la mère de Marcel avait-elle défendu à son fils de se suspendre derrière les voitures ? — 5. Pourquoi les enfants ont-ils intérêt à se laisser guider ?

Résolution. — *Mes parents veulent mon bien. Je méconnaîtrais leur amour en leur désobéissant. Je me souviendrai de Marcel.*

56e LEÇON

Devoirs des enfants envers leurs parents (suite). Reconnaissance.

Nos parents sont nos premiers bienfaiteurs, c'est à eux que nous devons la plus grande reconnaissance. En les aimant, en leur obéissant, en les respectant, en les aidant, nous accomplirons notre devoir de reconnaissance.

Récit. — Une petite fille reconnaissante.

Comme une vraie garde-malade, Marguerite a soigné sa mère dont la santé était fortement compromise.

Dimanche dernier, Aline, voulant faire une promenade, alla chercher son amie. Elle la trouva faisant la lecture à la convalescente

« Tu es bien aimable, lui dit Marguerite, d'avoir pensé à moi, mais je désire rester avec maman. — Je t'en prie, a répliqué la mère, sors avec Aline, cela te fera du bien. Et puis tu te fatigues, ma fille, à lire à haute voix. — Cela ne me fatigue pas du tout. As-tu jamais pensé à toi, quand j'étais jeune et que tu m'apprenais à lire ? — Comment, vous ne l'envoyiez pas à l'école ? demanda Aline. — Elle avait une santé si délicate, si frêle; il lui fallait le soleil, le grand air, des leçons courtes. — Oui, et si tu avais pu voir, s'est écriée Marguerite, la douceur, la patience de ma mère, tu saurais tout ce que je lui dois. Aussi, chère maman, je t'aime bien et je suis heureuse de te prouver que je me souviens de ce que tu as fait pour moi. »

La maman très émue n'insista plus pour que sa fille sortît. Aline, fortement impressionnée, embrassa son amie qui venait de lui faire comprendre toute la douceur de la reconnaissance.

Questionnaire. — 1. Que représentent les gravures du récit ? — 2. Pourquoi Aline va-t-elle chercher Marguerite ? — 3. Pourquoi Marguerite veut-elle rester auprès de sa mère ? — 4. Pourquoi la mère insiste-t-elle pour faire sortir sa fille ? — 5. Comment peut-on montrer sa reconnaissance à ses parents ?

Résumé. — *L'obéissance consiste à faire ce qui est ordonné et à ne pas faire ce qui est défendu. Elle est une marque d'affection et de reconnaissance. En obéissant, nous prouvons à nos parents que nous les aimons.*

La reconnaissance consiste à garder le souvenir des bienfaits que nous avons reçus. Les parents sont les premiers bienfaiteurs de l'enfant. Il leur témoignera sa reconnaissance en étant poli, respectueux, obéissant, affectueux et dévoué.

57e LEÇON

Devoirs des enfants envers leurs parents (fin). Obéissance. — Reconnaissance.

Récitation du résumé. (Voir 56e leçon.)

LECTURE A COMMENTER

L'enfant et l'abeille.

Le petit Paul avait entendu dire à sa mère que ce sont les abeilles qui fabriquent le miel. Comme il en était très friand, il se demandait comment il pourrait s'en procurer. Un jour, il vit plusieurs abeilles voltiger sur les fleurs du jardin. « Bon, se dit-il, je vais en prendre quelques-unes et les mettre dans une boîte; elles me feront du miel que je mangerai. En me défendant de toucher à ces mouches, maman m'a assuré qu'elles avaient un aiguillon terrible; mais j'ai beau regarder, je ne le vois point. Elle a dit cela pour me faire peur. »

Voilà Paul parti à la poursuite des abeilles. Il en aperçoit une occupée à butiner dans le calice d'une fleur; il s'en approche sans bruit, étend sa petite main et saisit l'insecte et la fleur. Mais aussitôt, il pousse des cris perçants et pleure à chaudes larmes.

« Cette méchante abeille m'a piqué, dit-il à sa mère accourue au bruit. — Que lui faisais-tu ? — Je voulais la prendre — Ne t'avais-je pas défendu de toucher aux abeilles ? Tu t'es montré désobéissant et tu en es puni. A l'avenir, rappelle-toi, mon fils, que si les parents ordonnent ou défendent, c'est toujours dans l'intérêt de leurs enfants et parce qu'ils leur veulent du bien. »

58e LEÇON

Frères et sœurs.

La grande sœur remplace souvent la maman dans la famille. C'est elle qui s'occupe de ses frères et sœurs plus jeunes : elle les habille, les surveille, les amuse, les console dans leurs chagrins. Elle n'est contente que lorsqu'elle les voit heureux.

Récit. — La grande sœur.

Victor et Marguerite sont frère et sœur; l'une a douze ans, l'autre en a six. Par une belle journée du mois d'août, ils vont ensemble cueillir des fruits dans le jardin. Victor est très fier de porter le panier; il se promet de grimper très haut sur les arbres pour choisir les poires les plus mûres et il s'en réjouit. S'il était seul, il commettrait quelque imprudence, car il est turbulent et étourdi.

Mais sa grande sœur veille sur lui, elle le tient par la main, elle le porte volontiers quand il est fatigué. Elle l'empêche de courir tête nue au soleil et de s'échauffer. Arrivés au jardin, Marguerite enlève son frère pour lui procurer le plaisir de détacher lui-même les fruits, mais elle ne lui permet pas de monter sur les branches, elle a trop peur que Victor ne tombe.

Les deux enfants s'aiment beaucoup. Marguerite comprend son

devoir de sœur aînée : elle protège son frère contre tout danger. Elle a commencé son éducation, elle lui apprend à lire, à écrire,

à compter, à réciter de petites tables. Victor a pour sa sœur une très grande affection.

Les parents sont heureux de voir la bonne harmonie qui existe entre leurs enfants et ils félicitent Marguerite de la tendre sollicitude qu'elle a pour son petit frère.

QUESTIONNAIRE. — 1. Que représentent les gravures du récit ? — 2. Où vont Marguerite et Victor ? — 3. Pourquoi la grande sœur veille-t-elle sur son petit frère ? — 4. Comment comprend-elle son devoir d'aînée ? — 5. Pourquoi les parents sont-ils contents ?

RÉSOLUTION. — *J'aimerai mes frères et mes sœurs. Je vivrai toujours en bonne harmonie avec eux.*

59e LEÇON

Frères et sœurs (suite).

L'amour fraternel est quelquefois combattu en nous par l'intérêt. Il y a des frères jaloux de leurs frères. Les querelles entre frères et sœurs sont odieuses.

Récit. — Frères ennemis.

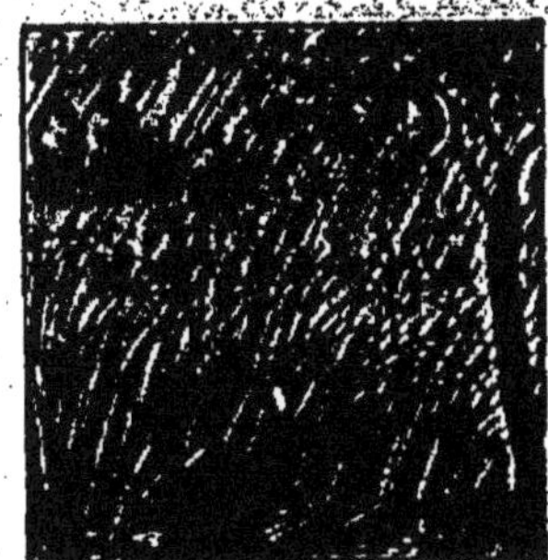

Il y a des frères qui se querellent au lieu de s'aimer et de se soutenir les uns les autres; c'est un spectacle affligeant. Ce sont souvent les questions d'intérêt qui amènent la désunion dans les familles. Cependant la bonne harmonie est un bien infiniment supérieur à l'argent.

C'est ce qui est arrivé à la mort du riche M. Roger : ses enfants n'ont pu se mettre d'accord pour partager son héritage, ils n'avaient aucune confiance les uns dans les autres : chacun accusait ses frères de vouloir s'emparer malhonnêtement de la plus forte part. Ils ont perdu en discussions et en querelles un temps précieux qu'ils auraient mieux fait d'employer à leurs affaires; car, pendant qu'ils se disputaient, les récoltes de l'un ont été perdues par le mauvais temps; un autre, commerçant, a négligé sa maison et ses meilleurs clients l'ont quitté; le troisième a manqué la vente d'un fort stock de marchandises.

Leurs querelles se sont terminées par un procès qui a coûté fort cher, ce qui a diminué d'autant leur patrimoine.

Ils sont maintenant ennemis irréconciliables et ils ont perdu la plus grande partie de l'héritage qui devait leur revenir. Ne les imitons pas.

Questionnaire — 1. Que représentent les gravures du récit ? — 2. Qu'est-ce qui amène souvent la mésintelligence dans les familles ? — 3. Pourquoi les fils de M. Roger n'ont-ils pu s'entendre ? — 4. Comment les querelles se sont-elles terminées ? — 5. Comment vous conduirez-vous avec vos frères et sœurs ?

Résumé. — *Les frères et les sœurs doivent s'aimer de tout leur cœur et s'aider mutuellement. Ne pas s'aimer entre frères et sœurs, c'est causer de la peine à ses parents. Les frères doivent être doux et prévenants envers leurs sœurs. Les sœurs doivent être tendres et soigneuses envers leurs frères. Les querelles entre frères et sœurs sont odieuses.*

60e LEÇON

Frères et sœurs (fin).

Récitation du résumé (Voir 59e leçon.)

LECTURE A COMMENTER

La première cuillerée.

J'ai vu, dans un des plus misérables villages de l'Ecosse, deux pauvres enfants, dont l'aîné, dès l'âge de trois ans, avait, pendant le jour entier, été laissé constamment seul auprès de son plus jeune frère.

Il le soignait, l'habillait, le nourrissait, ne l'abandonnait jamais un seul instant, et remplissait tous les devoirs de la mère la plus attentive. Quand l'heure du repas approchait, il faisait rentrer son pupille dans la cabane, allumait un petit feu qu'il gouvernait très habilement et préparait les simples aliments qui les nourrissaient tous deux. — « Prenez garde, Daniel, lui dit un voisin pendant qu'il donnait à manger à son élève, prenez garde de brûler votre frère ! — Il n'y a pas de danger, répondit-il, c'est moi qui goûte la première cuillerée. »

Mme Necker de Saussure.

61e LEÇON

Devoirs envers les grands-parents et les vieillards.

Ceux qui ont le bonheur d'avoir encore leurs grands-parents doivent s'estimer bien heureux. Ils sont toute la joie de ces bons

parents qui les aiment plus qu'ils n'ont aimé leurs enfants. Rendons-leur cette affection, soyons pour eux doux et patients.

Récit. — Deux bons petits-enfants.

Gaston et Suzanne ont encore leur grand'mère. Elle est bien vieille, bien faible, la pauvre femme; ses jambes refusent de la porter et elle s'aide d'un bâton, même pour faire quelques pas dans la cour.

Mais elle a dans Gaston un bon petit-fils qui, chaque jour, la promène un peu au soleil. « Allons ! grand' mère, dit-il, partons; appuyez-vous sur mon épaule. » Ils vont tous deux sur la grand' route à petits pas. Si la grand'maman veut s'asseoir, Gaston s'assied auprès d'elle; si la température l'indispose, ils reviennent à la maison. Jamais Gaston ne montre d'impatience ni de mauvaise humeur et c'est un spectacle bien touchant que cette bonne vieille et cet enfant cheminant côte à côte.

Suzanne, elle aussi, est très prévenante pour sa grand'mère. Elle lui lit le journal, elle met tout en ordre dans sa chambre, elle lui enfile ses aiguilles, elle la soigne bien gentiment. Elle lui a tricoté un fichu pour les promenades d'hiver.

Gaston et Suzanne sont de bons petits-enfants. Ils aiment bien leur grand'mère, ils ont pour elle le plus profond respect et ils s'appliquent à lui procurer une vieillesse heureuse.

QUESTIONNAIRE. — 1. Que représentent les gravures du récit ? — 2. Faites le portrait de la grand'mère. — Que fait Gaston pour elle ? — 3. Suzanne aime-t-elle sa grand'mère ? Comment prouve-t-elle qu'elle l'aime ? — 4. La grand'mère est-elle heureuse ? — 5. Pourquoi faut-il aimer ses grands-parents ?

RÉSOLUTION. — *J'aimerai bien toujours mes grands-parents et je ferai tout mon possible pour les rendre heureux.*

62e LEÇON

Devoirs envers les grands-parents et les vieillards (suite).

Nos grands-parents sont remplis pour nous d'indulgence et d'affection. Montrons-leur notre amour en leur rendant tous les petits services qui sont en notre pouvoir. Respectons et secourons également les vieillards et les infirmes.

RÉCIT. — **Respectons les vieillards.**

Un vieillard faisait sa promenade habituelle sur la grande avenue du village. Il marchait péniblement. Comme il tirait son mouchoir de sa poche, un gant tomba. Il se baissait difficilement, quand André, qui jouait près de là, ramassa le gant et le lui tendit. Le brave homme remercia avec un sourire.

Charmé de la gentillesse de l'enfant, l'idée vint au vieillard de mettre à l'épreuve la complaisance du petit André. A quelques pas plus loin, il laissa tomber son mouchoir, puis sa canne. Chaque fois et tout naturellement, comme s'il obéissait à une habitude, l'enfant s'empressait de ramasser l'objet et de le rendre au vieillards. « Je me demande, mon petit ami, dit le vieillard, pourquoi vous êtes si obligeant pour moi que vous ne connaissez pas ? — Oh ! monsieur, c'est que je vois bien que vous êtes un grand-papa. — Vous avez donc un grand-papa ? — Oui, monsieur, et je l'aime beaucoup. — J'en suis convaincu, mon cher enfant ; eh bien ! dites-lui de ma part qu'il a un bon et gentil petit garçon. »

André était élevé dans l'amour et le respect de ses grands-parents qu'il entourait de prévenances. Il lui semblait tout naturel d'être complaisant et empressé pour les personnes qui paraissaient avoir le même âge que son grand-père. Il avait raison. Dans le respect qu'on doit à tous les vieillards, il y a comme un sentiment de piété filiale et le souvenir des grands-parents qu'on aime.

QUESTIONNAIRE. — 1. Que représentent les gravures du récit ? — 2. Pourquoi André se montre-t-il aussi empressé auprès du vieillard ? — 3. Comment le vieillard éprouva-t-il la complaisance de l'enfant ? — 4. Comment le respect se manifeste-t-il envers les vieillards ? — 5. André aimait-il ses grands-parents ?

RÉSUMÉ. — *Nos grands-parents ont pour nous beaucoup d'affection et d'indulgence. Ils nous comblent de bienfaits. Nous devons les aimer, les respecter et leur témoigner notre reconnaissance.*

Nous devons également respecter tous les vieillards, les secourir selon nos moyens et nous garder de tourner en ridicule leurs infirmités ou leurs faiblesses.

63e LEÇON

Devoirs envers les grands-parents et les vieillards (fin).

Récitation du résumé. (Voir 62e leçon.)

LECTURE A COMMENTER.

Le coin du grand-père.

Ce coin, près du foyer, c'est le coin du grand-père.
C'est là, je m'en souviens, qu'il aimait à s'asseoir,

Les pieds sur les chenets, dans sa vieille bergère ;
Là qu'il lisait le jour et sommeillait le soir.
Je crois le voir encor. Sa tête couronnée
De beaux cheveux blanchis par l'âge et le chagrin,
Se penchait en avant doucement inclinée ;
Son visage était grave à la fois et serein.
Son cœur était ouvert à tous. On pouvait lire
Le calme sur son front, la bonté dans ses yeux ;
Et lorsque sur sa bouche il passait un sourire,
On croyait voir briller comme un rayon des cieux.

LOUIS TOURNIER.

4e LEÇON

Maîtres et serviteurs.

Le maître ne remplit pas toutes ses obligations envers ses serviteurs s'il se contente de leur assurer le bien-être matériel. Il doit les traiter comme des membres de la famille.

RÉCIT. — Une bonne servante.

Catherine, notre vieille domestique, était déjà au service de mon grand-père, et ma mère, enfant, fut, de sa part, l'objet des plus affectueuses attentions. Plus tard, elle entra chez mes parents.

A nous, elle a prodigué les soins les plus empressés avec un dévouement inépuisable. Elle a toujours agi au mieux de nos désirs et de nos intérêts. Elle nous a élevés, mon frère et moi; sa tendresse pour nous ne s'est jamais refroidie un seul instant. Elle n'avait qu'un souci, nous faire plaisir quand nous étions raisonnables. Personne n'était plus attentive qu'elle à nos besoins quotidiens; elle remplaçait maman auprès de nous lorsqu'une indisposition ou un voyage nous privaient des soins de notre bonne mère.

Aussi, nous sommes attachés à Catherine comme à une personne de la famille. Ne vit-elle pas depuis longtemps de la même vie que nous ? N'a-t-elle pas toujours partagé nos peines et nos joies ?

Il y a quinze jours, elle fit une chute et dut s'aliter. Sentant qu'elle ne pourrait plus nous rendre les mêmes services qu'autrefois, elle demanda à être transportée à l'hôpital. Mais mes parents décidèrent que Catherine resterait chez nous jusqu'à sa mort, malade ou non, et qu'elle serait déchargée de tout travail.

Nous sommes contents de cette décision. Notre vieille Catherine en a été émue jusqu'aux larmes et son bonheur nous rend doublement heureux.

Questionnaire. — 1. Que représentent les gravures du récit ? — 2. A qui Catherine a-t-elle donné ses soins ? — 3. Pourquoi les enfants étaient-ils attachés à leur domestique ? — 4. Quel accident est-il arrivé à Catherine ? — 5. Pourquoi les parents ont-ils décidé de garder Catherine chez eux ?

Résolution. — *Je parlerai avec politesse et bonté aux domestiques de mes parents. Je m'efforcerai de leur rendre la tâche plus facile et je n'oublierai pas que ce sont les bons maîtres qui font les bons domestiques.*

65e LEÇON

Maîtres et serviteurs (suite).

Les bons domestiques, les bons ouvriers sont dévoués, consciencieux; ils prennent en toute circonstance les intérêts de

leurs patrons. Ils n'exigent pas un salaire qui ne leur est pas dû.

Récit. — Un ouvrier grincheux.

C'était hier jour de paye des ouvriers. Claude Dejean, après avoir compté et recompté ce que mon père lui avait remis, s'écria : « Vous me faites du tort, Monsieur Valentin, nous étions convenus que vous me paieriez sept francs la journée de travail. — Oui, a répondu mon père, mais il était entendu que vous travailleriez dix heures. — Eh bien ! reprit Claude. — Eh bien ! a répondu mon père, vous êtes fréquemment arrivé en retard à l'atelier, vous en êtes parti le soir avant l'heure de la fermeture. J'ai noté tout cela et je vous paye exactement vos heures de travail. » Claude s'est emporté. « Vous voulez vous enrichir aux dépens de vos ouvriers », a-t-il crié en frappant du poing sur le bureau. — Tu as tort, Claude, a dit alors Philippe d'un ton très calme. Cette semaine, j'ai été retenu après l'heure pour faire le travail que tu n'avais pas achevé et j'ai touché pour cela un supplément de salaire. Si l'on te payait des heures que tu n'as pas faites, comment pourrait-on me payer mes heures supplémentaires de travail.

— C'est très bien raisonné, Philippe, ont dit tous les camarades.

Et Claude est parti tout honteux.

QUESTIONNAIRE. — 1. Que représentent les gravures du récit ? — 2. Que dit Claude à mon père le jour de la paye ? — 3. Que pensez-vous du raisonnement de mon père ? — 4. Claude fut-il convaincu ? Que fit-il ? — 5. Que répondit Philippe ? Avait-il raison ?

RÉSUMÉ. — *Les serviteurs font partie de la famille. Les maîtres doivent les traiter avec politesse, avec bonté et ne leur donner que des ordres raisonnables. Ils doivent aussi être justes et leur payer exactement ce qui leur est dû.*

Les domestiques doivent être polis, obéissants, respectueux envers leurs maîtres. Ils doivent se montrer honnêtes et laborieux.

66e LEÇON

Maîtres et serviteurs (fin).

Récitation du résumé. (Voir 65e leçon.)

LECTURE A COMMENTER

Ce qu'est un bon serviteur.

L'âne de La Fontaine a pu dire :

Notre ennemi, c'est notre maître.

Un serviteur intelligent et consciencieux ne le dit ni ne le pense. Il est solidaire de la famille où il est reçu ; il s'attache aux personnes ; il veille à leurs intérêts ; il se montre complaisant et même dévoué si les circonstances l'exigent. Si la maladie, le deuil, l'épreuve viennent fondre sur la maison, le bon serviteur redoublera de zèle ; il ne calculera point ses pas et ses démarches ; il ne marchandera pas ses soins ; il se multipliera pour alléger, dans la mesure de ses moyens, le fardeau qui s'est abattu sur les épaules de ses maîtres.

En agissant ainsi, il rapproche les distances, il grandit en valeur morale ; il n'obéit pas à une consigne, mais à son cœur ; il gagne plus que de l'argent ; il gagne l'estime et la reconnaissance de ceux qui l'entourent ; à leur défaut, sa propre estime et la satisfaction de sa conscience, la plus précieuse richesse de ce monde.

(STEEG, *l'Honnête homme*. F. Nathan, édit.).

CHAPITRE V

MORALE SOCIALE (*suite*)

2° L'École

67° LEÇON

L'école. — Devoirs de l'écolier. — Assiduité. Application.

C'est à l'école que l'enfant prépare son avenir. Tel écolier, tel homme ! Celui qui est exact, assidu, appliqué et laborieux se prépare une vie heureuse. Enfants ! vous serez plus tard heureux ou malheureux, selon que vous étudierez avec ardeur ou que vous serez paresseux et indociles.

RÉCIT. — **Soyons exacts.**

Raoul n'arrive jamais à l'école sans être en retard de dix ou quinze minutes ; la lecture est commencée. Il dérange ses camarades, trouble la classe et le maître le gronde. Il se met à l'ouvrage de mauvaise humeur, parce qu'il est mécontent de lui-même, et il suit mal la leçon dont il n'a pas entendu le commencement. Par le fait de son inexactitude, Raoul perd ainsi un temps précieux. Le manque d'exactitude lui causera plus tard de graves déboires s'il ne réussit pas à se corriger de cette mauvaise habitude.

Ouvrier, il mécontentera son patron, sera mis à l'amende, renvoyé peut-être, car il est inadmissible que, dans une usine, chacun arrive à l'heure qui lui convient. — Si Raoul est patron, il lui sera bien difficile d'obtenir de ses ouvriers une exactitude dont il ne sait pas donner l'exemple. Il mécontentera ses clients qui l'abandonneront.

Il est très important d'être exact. Sans exactitude, aucun succès n'est possible dans le commerce, l'industrie, l'agriculture, les fonctions publiques.

On a confiance dans les personnes exactes, on prend difficilement au sérieux celles qui ne le sont pas.

Questionnaire. — 1. Que représentent les gravures du récit ? — 2. Quel est le grand défaut de Raoul ? Comment se conduit-il ? — 3. Prend-il une bonne habitude ? — 4. Que fera-t-il plus tard étant ouvrier, patron ? — 5. Pourquoi est-il important d'être exact ?

Résolution. — *Je m'efforcerai d'être exact, car sans exactitude on ne peut réussir dans n'importe quelle profession.*

68e LEÇON

L'école. — Devoirs de l'écolier. — Assiduité. Application (suite).

Aujourd'hui, celui qui n'a pas d'instruction est dans un état d'infériorité fort regrettable qui peut avoir pour lui les conséquences les plus fâcheuses. Les enfants doivent donc aller régulièrement en classe et y travailler de leur mieux pour s'instruire.

Récit. — Une écolière modèle.

Yvonne est une excellente écolière, elle ne manque jamais la classe, c'est un modèle d'assiduité. Elle sait que la persévérance dans l'effort, l'exactitude dans la fréquentation sont indispensables aux progrès.

S'étant blessée dernièrement à la main droite, sa mère lui disait : « Puisque tu as la main enveloppée et que tu ne peux pas écrire, tu resteras à la maison. — Mère, repartit Yvonne, je ne puis pas écrire, c'est vrai, mais je puis du moins écouter les leçons si intéressantes de ma chère maîtresse. » Sa mère ravie l'embrassa tendrement et lui permit d'aller à l'école.

Yvonne est très ordonnée et très appliquée. Elle aime ses livres et les range avec soin. Elle ne perd pas de temps à les chercher; ils sont propres et durent longtemps. En classe, elle écoute attentivement la maîtresse pour ne rien perdre de ses paroles; aussi, quand on l'interroge, ses réponses sont toujours claires et sensées.

On ne peut pas dire que ses devoirs soient toujours parfaits; l'écriture en laisse quelquefois à désirer, mais les fautes y sont rares. Son travail terminé, elle a le soin de le relire plusieurs fois pour s'assurer qu'elle n'a pas commis d'erreurs grossières.

Le bon exemple d'Yvonne est contagieux, beaucoup de ses compagnes s'efforcent de l'imiter.

Questionnaire. — 1. Que représentent les gravures du récit ? — 2. Pourquoi Yvonne ne manque-t-elle jamais la classe ? — 3. Que lui est-il arrivé ? Que disait sa mère ? Qu'a répondu Yvonne ? — 4. Quelles sont les autres qualités d'Yvonne ? — 5. Ne donne-t-elle pas le bon exemple et ne voudriez-vous pas lui ressembler ?

RÉSUMÉ. — *L'écolier vient en classe pour acquérir l'instruction et l'éducation qui sont indispensables dans la vie. Le bon écolier est exact, assidu, appliqué. Il est attentif aux leçons du maître et donne toujours le bon exemple.*

69e LEÇON

L'école. — Devoirs de l'écolier. — Assiduité. Application (fin).

Récitation du résumé. (Voir 68e leçon.)

LECTURE A COMMENTER

Les lunettes.

Jules s'ennuyait bien,
Car il ne savait rien,
Pas même lire !
Un jour qu'il était seul et ne pouvait pas rire,
Il se dit : « Voyons donc, je m'en vais voir un peu,
Puisque je ne sais pas quoi faire,
La belle histoire que grand'mère
Lisait hier dans le livre bleu. »
Il va donc chercher dans l'armoire
Ce livre et puis l'ouvre tout grand ;
Mais bernique ! où donc est l'histoire ?
Il ne voit rien que noir et blanc.
« Ah ! je sais : sur mes yeux je n'ai pas mis de verre
Comme grand'mère :
Voilà pourquoi je ne puis voir. »
Et de sa grand'maman, il cherche les lunettes,
Les frotte, pour les rendre nettes,
Avec le coin de son mouchoir,
Regarde encor, change de page ;
Mais d'histoire, pas davantage !
Sa mère entre et lui dit : « Grand'mère a mal aux yeux ;
Toi, mon enfant, ton mal, c'est d'être paresseux.
Il faut apprendre à lire et tu verras l'histoire.
Sans lunettes, tu peux me croire,
Rien qu'avec tes yeux bleus. »

(BATISBONNE. *La Comédie enfantine.* Hetzel, édit.)

70ᵉ LEÇON

Devoirs de l'écolier envers le maître.

Un véritable amour de l'enfance, un dévouement généreux peuvent seuls animer et soutenir l'instituteur dans sa pénible tâche. Celui qui a donné des soins à notre enfance, qui a développé notre raison et notre intelligence a droit à notre affection.

RÉCIT. — **Un père à son fils.**

Louis allait partir en classe. Son père lui avait déjà parlé de l'école et du maître. En lui remettant son cartable d'écolier, il lui dit : « Va, mon petit homme, et sois obéissant. Écoute avec attention les leçons de ton instituteur, car c'est lui qui développera et éclairera ton intelligence, qui ouvrira ton cœur aux nobles sentiments, qui fera de toi un homme instruit et bien élevé, un bon citoyen dévoué à sa famille et à son pays.

« Respecte et aime ton maître, mon fils, un bon maître, c'est un second père pour l'enfant. Ses élèves sont pour lui une famille d'adoption qui se renouvelle tous les ans. Aujourd'hui, vous êtes tous rassemblés autour de lui ; à la fin de l'année, un certain nombre se disperseront dans le monde, mais de près ou de loin, son cœur vous suivra toujours.

« Si parfois, il regarde ses élèves d'un œil un peu sévère, s'il leur fait des reproches, s'il est obligé de les punir même, c'est parce qu'il les aime, parce qu'il les veut meilleurs. »

Après avoir embrassé son père, le petit Louis partit gaiement. Tout en marchant, il se disait en lui-même :

« Oui, je veux être obéissant, je veux écouter attentivement mon maître qui se donne tant de peine pour m'enseigner ce que j'ai besoin de savoir ; je serai attentif à ses leçons, appliqué à mes devoirs ; je serai si docile qu'il n'aura jamais besoin de me gronder, encore moins de me punir, et joyeux, je saurai bientôt lire et je comprendrai toutes les belles histoires de mes livres de classe. »

Questionnaire. — 1. Que représentent les gravures du récit ? — 2. Pourquoi l'enfant doit-il écouter les leçons de son maître ? — 3. Comment le maître considère-t-il ses élèves ? — 4. Pourquoi le maître est-il sévère ? — 5. Que se disait Louis à lui-même tout en marchant ?

Résolution. — *J'aimerai mon maître comme j'aime mes parents. Je travaillerai de mon mieux pour lui être agréable. Je manquerais de cœur si j'oubliais un jour tout ce que je lui dois.*

71ᵉ LEÇON

Devoirs de l'écolier envers le maître (suite).

Les bons élèves aiment leur maître : ils lui sont reconnaissants des bienfaits qu'ils en ont reçus et ils lui témoignent cette reconnaissance par leur respect, leur soumission, leurs paroles, par toute leur conduite.

Récit. — Devoirs des écoliers envers leurs maîtres.

Comme exercice de composition française, le maître avait donné le sujet suivant : « Devoirs des écoliers envers leurs maîtres. » Voici comment Roger, un des bons élèves de la classe, s'est acquitté de sa tâche :

« Les devoirs les plus importants que les enfants ont à remplir envers leurs instituteurs sont le respect, l'obéissance, la reconnaissance et l'affection.

« Notre instituteur remplaçant nos parents, nous devons le respecter autant que nous respectons nos père et mère. Il nous est supérieur par le savoir et l'expérience, il est bon, nous devons donc, en parlant de notre maître, n'employer que des termes polis empreints de la plus grande déférence.

« Un autre devoir très voisin du précédent est *l'obéissance*. Nécessaire dans nos familles, elle est indispensable à l'école où de nombreux élèves sont réunis sous l'autorité d'un seul maître. Cette obéissance se manifeste par la bonne conduite, la bonne tenue et la docilité de tous.

« Notre maître a droit à notre *reconnaissance*. Il nous donne l'instruction et l'éducation qui sont les plus grands de tous les biens ; c'est pour nous qu'il a étudié, qu'il a subi des examens, qu'il travaille encore pour mettre son savoir à notre portée.

« Nous devons aussi au maître notre *affection* en retour de celle qu'il nous témoigne tous les jours. Il supporte avec patience nos étourderies, s'il nous punit c'est qu'il nous veut meilleurs, qu'il songe à notre avenir, qu'il veut notre bonheur. Ses réprimandes sont inspirées par l'attachement qu'il nous porte. »

Questionnaire. — 1. Que représentent les gravures du récit ? — 2. Quels sont les devoirs des écoliers envers leurs maîtres ? — 3. Pourquoi devons-nous respecter notre maître ? — 4. Pourquoi devons-nous être obéissant ? — 5. Pourquoi devons-

nous être reconnaissant ? — 6. Pourquoi devons-nous avoir de l'affection pour notre maître.

Résumé. — *L'instituteur remplace les parents. Il donne à ses élèves l'instruction qui fera d'eux des hommes capables et l'éducation qui les fera honnêtes. Il aime ses élèves comme ses enfants. Il est pour eux comme un second père.*

Ceux-ci lui doivent le respect, l'obéissance, la reconnaissance et l'affection.

72e LEÇON

Devoirs de l'écolier envers le maître (fin).

Récitation du résumé. (Voir 71e leçon.)

LECTURE A COMMENTER

L'enfant qui aime son maître.

Joseph est un bon écolier. Il lui arrive sans doute d'être puni pour avoir bavardé ou s'être montré négligent. Mais Joseph subit les punitions sans murmurer : il sait qu'il les a méritées. Elles ne l'empêchent pas d'avoir de l'affection pour son maître. Quelqu'un lui disait : « Ton maître est bien méchant puisqu'il te punit. — Pas du tout, mon maître n'est pas méchant : si j'étais toujours appliqué, si j'avais la langue moins longue, il ne me gronderait jamais. Puis-je l'accuser de méchanceté parce qu'il cherche à me corriger de mes défauts ? Il agit dans mon intérêt ; je ne peux que lui en être reconnaissant. »

Joseph ne pouvait mieux répondre.

73e LEÇON

Devoirs de l'écolier envers ses camarades.

Les bons camarades se rendent de mutuels services ; ils ne se querellent ni ne se battent ; ils ne sont ni envieux, ni jaloux ; ils peuvent devenir de bons amis pour la vie entière. La camaraderie est le commencement de l'amitié.

Récit. — **Le bon camarade.**

Jules est un bon fils, un bon frère ; il est aussi un bon camarade.

Il aime ses condisciples et il leur sacrifie volontiers ses jeux préférés pour vivre avec eux en bonne harmonie. Avec tous, il est poli, aimable, obligeant ; il est heureux de leur venir en aide.

S'il se lie d'amitié avec ceux de ses camarades qui ont le même

âge et les mêmes habitudes que lui, s'il recherche de préférence la société de ceux qui se distinguent par leur travail et leur conduite, on peut dire qu'il est bon pour tous.

Jules n'est pas égoïste et il a horreur de l'hypocrisie. Jamais il ne dit du mal des autres élèves, il n'est pas « rapporteur ». S'il commet une faute, il sait l'atténuer, par un aveu sincère et un vif repentir. Sa loyauté, sa franchise lui ont acquis l'estime de ses camarades et la bienveillance de son maître.

Jules est souvent le premier de sa division ; il n'en tire aucun orgueil. Il se réjouit de la satisfaction qu'il donne à son maître et de la joie qu'il procure à sa famille, mais cela ne l'empêche pas de causer et de jouer avec ceux de ses camarades qui sont moins bien doués que lui ou qui ne réussissent pas aussi bien dans leurs études. Jules est un de ces braves enfants qu'il faut s'efforcer d'imiter.

QUESTIONNAIRE. — 1. Que représentent les gravures du récit ? — 2. Quelles sont les qualités de Jules ? Aime-t-il ses camarades ? — 3. Jules est-il égoïste, hypocrite, rapporteur ? — 4. Que fait-il s'il commet une faute ? Pourquoi ne dénonce-t-il pas ses camarades ? — 5. Jules est-il orgueilleux ? Comment voyez-vous qu'il n'est pas orgueilleux ? Pourquoi recherche-t-on sa compagnie ?

RÉSOLUTION. — *Je veux être bon camarade comme Jules. Comme lui, je me montrerai pour tous accueillant et serviable.*

74e LEÇON

Devoirs de l'écolier envers ses camarades (suite).

Les enfants qui vont en classe ensemble sont des condisciples. Les condisciples doivent se considérer comme les membres d'une même famille puisque l'école est une famille.

RÉCIT. — **Le déjeuner partagé.**

La classe du matin était terminée, les élèves qui [illegible]t leur repas à l'école s'apprêtaient à déjeuner de bon appétit, quand la maîtresse leur dit : « Que feriez-vous, mes enfants, si vous rencontriez une de vos petites amies qui eût faim et qui n'eût rien à manger ? — Nous partagerions avec elle, répondit Jeanne. Et d'une seule voix toutes de répéter : « Oui, nous partagerions avec elle. Je lui donnerais ce morceau de pain, dit Louise. — Et moi cette poire et cette pomme, dit Marguerite. — Moi, dit Marie, la moitié de mon fromage et de mes confitures. — C'est très bien, dit la maîtresse, je vois que toutes vous avez un cœur excellent. Eh bien ! tournez la tête de ce côté. » Et elle leur montra une pauvre petite malheureuse qui, dépourvue de tout, regardait d'un air triste le repas de ses camarades.

Aussitôt, toutes partagèrent avec elle, une partie de leurs provisions. La pauvre affamée était bien émue et bien heureuse, mais ses petites amies étaient encore plus heureuses qu'elle, car c'est un grand bonheur de faire du bien.

QUESTIONNAIRE. — 1. Que représentent les gravures du récit ? — 2. Quelle question la maîtresse posa-t-elle aux enfants ? — 3. Quelles réponses ont faites les élèves ? — 4. Que firent-elles quand on leur montra leur malheureuse camarade ? — 5. Pourquoi les élèves étaient-elles heureuses ?

RÉSUMÉ. — *Les élèves d'une même école doivent s'aimer comme des frères. Ils doivent s'entr'aider, se donner le bon exemple les uns aux autres et se faire mutuellement de petites concessions afin que la bonne harmonie règne dans l'école.*

75e LEÇON

Devoirs de l'écolier envers ses camarades (fin).

Récitation du résumé. (Voir 74e leçon.)

LECTURE À COMMENTER

Le bon camarade.

Savez-vous pourquoi Gaston est aimé de tous les enfants de son âge ?

C'est parce qu'il est bon camarade..

Jamais il ne taquine ses condisciples, jamais il ne leur cherche querelle. Il est l'ami de tous. Il leur prête volontiers son crayon, sa règle, sa gomme.

Gaston n'est pas rapporteur. Il ne dit pas de mal de ses camarades et ne cherche pas à les faire punir. Il fait tout son possible, au contraire, pour les excuser, quand ils ont commis quelque méfait.

Un jour Daniel, avec son couteau, avait fait de grandes raies sur les murs du vestiaire de l'école. A tort, on accusa Gaston qui, lui, connaissait le coupable. Il se contenta de dire : « Ce n'est pas moi. »

Il allait être puni sévèrement, car la faute était grave, quand l'auteur du dégât, touché de tant de bonté, vint en pleurant faire l'aveu de sa faute.

Le maître pardonna à Daniel à cause de sa franchise et il félicita Gaston de n'avoir pas dénoncé son condisciple.

Soyons toujours bon camarade.

76ᵉ LEÇON

Devoirs de l'écolier après l'école.

Quand un enfant quitte l'école, même s'il possède son certificat d'études, il sait bien peu de chose. Ce peu, il l'oublierait vite s'il cessait d'étudier.

RÉCIT. — **Le cours d'adultes.**

Mon camarade Roger a quitté l'école, il y a quatre ans. Il termine en ce moment son apprentissage de charron. Tout le jour il est occupé à l'atelier et il n'a guère le temps de lire. Aussi a-t-il déjà oublié beaucoup de ce qu'il avait appris quand il était écolier. Quand il lit, les mots défilent sous ses yeux moins vite que lorsqu'il lisait dans son livre de classe. Il calcule avec moins de facilité qu'autrefois. Le journal fait-il allusion à un événement des temps anciens, Roger ne comprend plus, une grande confusion règne dans sa mémoire.

Cependant c'était un bon écolier. Mais, hélas ! avec le temps il a oublié. Heureusement qu'il y aura cet hiver un cours d'adultes, dans la commune, il le fréquentera assidûment, il assistera à des conférences populaires et il mettra à profit ses heures de loisir pour lire les ouvrages de la bibliothèque scolaire. Il réapprendra ainsi tout ce qu'il a oublié et il acquerra tout le savoir qui est indispensable au bon ouvrier, au bon citoyen.

Questionnaire. — 1. Que représentent les gravures du récit ? — 2. Pourquoi Roger lit-il et écrit-il moins bien qu'autrefois ? — 3. A-t-on besoin d'être instruit pour faire un ouvrier, un citoyen ? — 4. Que ferez-vous au lendemain de l'école pour vous instruire ?

Résolution. — *Quand j'aurai quitté l'école, je compléterai mon instruction en assistant aux cours d'adultes, aux conférences, en fréquentant les bibliothèques.*

77e LEÇON

Devoirs de l'écolier après l'école (suite).

On sait peu de chose en quittant l'école. C'est donc un devoir de continuer à étudier ; les livres de la bibliothèque nous fournissent pour cela de précieuses ressources.

Récit. — De bons amis.

Un ami véritable est un rare trésor, a-t-on dit ; j'en ai cependant plusieurs et des amis incomparables. Ils ne me quittent jamais. Ils sont très discrets et ne me parlent que lorsque je les en prie. J'ai souvent recours à eux. Quand je m'ennuie et que je veux me distraire, l'un d'eux me raconte des histoires fort intéressantes. Quand je veux m'instruire, un autre me parle de littérature, de science, d'histoire ou d'art. Avec un troisième, je fais le tour du monde, je visite les grandes villes, les riches musées ; je vais de France en Algérie, aux Indes, en Amérique.

Mes amis sont des magiciens extraordinaires. Non seulement ils m'instruisent, mais encore ils me conseillent pour me rendre meilleur. Ce sont eux qui me réconfortent quand je suis tenté de me laisser aller au découragement.

Ils savent aussi me rappeler au devoir. Si j'étais injuste ou mé-

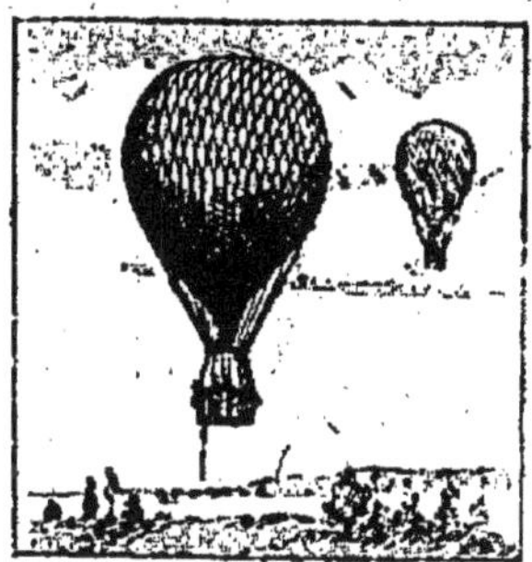

chant, mes amis, qui ne sont pas des flatteurs, ne me ménageraient pas les reproches. Ils ne me donnent que de belles leçons et ne m'offrent que de beaux exemples.

Connaissez-vous ces amis précieux ? Oui, certainement, vous l'avez deviné, ces bons amis, ce sont mes livres.

Questionnaire. — 1. Que représentent les gravures du récit ? — 2. De quoi mes amis me parlent-ils ? — 3. Ne savent-ils pas aussi me donner du courage et me rappeler au devoir ? — 4. Ne m'adressent-ils pas aussi des reproches ? — 5. Quels sont ces amis et pouvez-vous en avoir de semblables ?

Résumé. — *Après l'école, le jeune homme doit s'efforcer de conserver les connaissances qu'il a acquises en classe. Il doit chercher à les étendre. Pour cela, il assistera aux cours d'adultes, aux conférences et il empruntera des livres aux bibliothèques populaires.*

78e LEÇON

Devoirs de l'écolier après l'école (fin).

Récitation du résumé. (Voir 77e leçon.)

LECTURE A COMMENTER

Aux jeunes filles de la campagne.

Fille de village, ne rêve point la vie des villes, ne déserte point la ferme, ne te laisse pas tromper par les apparences, ne va pas où l'on étouffe, reste où l'on respire. Ne change pas tes joies pures, tes douces espérances et tes besoins modestes contre les joies factices, les espérances folles et les besoins immodérés. La ville, sache-le bien, est une sorte de serre où l'air chaud remplace le soleil, où l'existence est trop rapide pour être bonne, où les parfums s'affaiblissent et les meilleurs fruits perdent leurs saveurs. On s'y étiole, on y vit de la fièvre, non de santé. Sois donc, jeune fille, la fleur de pleine terre, éclatante et robuste, poussant dans sa maison, à ciel découvert et à l'air libre. Vis doucement, modestement et heureusement. Les rudes travaux n'ont pas été créés pour toi. Tu te borneras à soigner l'intérieur de la ferme, la basse-cour et le potager; ton domaine est là, non ailleurs, à moins cependant, que le temps ne presse, et qu'il ne faille, coûte que coûte, râteler aux prés et javeler aux champs.

PAUL JOIGNEAUX.

CHAPITRE VI

MORALE SOCIALE (*Suite*).

3° Devoirs de justice.

79e LEÇON

La société : sa nécessité, ses avantages.

Ce n'est pas seulement dans notre intérêt que s'est organisée et que fonctionne la société, c'est aussi pour notre bonheur : les hommes s'entr'aident, ils partagent leurs joies et leurs peines; ils vivent en égaux, en frères.

RÉCIT. — **Nécessité de la vie sociale.**

Un homme trompé dans ses espérances résolut d'aller vivre dans la solitude. « Je n'ai nul besoin, disait-il, de ces indifférents qui se soucient si peu de moi. J'ai de l'intelligence, je suis robuste et adroit, je puis vivre seul, je saurai me passer d'eux. »

Et le voilà parti droit devant lui. A la nuit, sans abri, il se couche sur la terre. Le lendemain, il continue sa course dans la montagne. Au détour d'un sentier, il fait la rencontre d'un ours qui le poursuit. Epouvanté, notre homme se rend compte de sa faiblesse; il bondit de rocher en rocher, laissant à chaque pointe un morceau de ses habits. Enfin, il voit avec joie son ennemi rouler dans un précipice.

Il reprend sa marche, couche encore à la belle étoile. Ses souliers sont usés, il va pieds nus, il veut s'aguerrir. Mais ses provisions sont épuisées et il ne trouve rien à manger. Il a faim, il a soif, il appelle la mort à grands cris et tombe évanoui. Des gardes forestiers le transportent dans un hôpital où on lui prodigue les soins les plus empressés. Ayant repris connaissance, il ne sent autour de lui que bienveillance et désir sincère de lui être utile. Aussi ses sentiments envers ses semblables se modifient du tout au tout. Il reconnaît qu'il est impossible de se passer de la société. Chaque homme a besoin des autres hommes. Ils travaillent pour lui comme lui-même travaille pour eux.

Questionnaire. — 1. Que représentent les gravures du récit ? — 2. Que disait l'homme déçu dans ses espérances ? — 3. Que fit-il ? — 4. Comment ses sentiments se sont-ils modifiés ?

Résolution. — *Je travaillerai pour mes semblables. Je me ferai un devoir de leur être utile. J'accomplirai bravement ma tâche de chaque jour.*

80e LEÇON

La société : sa nécessité, ses avantages (suite).

Les hommes travaillent les uns pour les autres. Ils constituent ainsi un fonds commun où chacun de nous verse et puise. Par le commerce, les produits s'échangent entre gens du même village, de la même région, de la même nation, de pays éloignés.

Récit. — Les bienfaits de la société.

En vous habillant ce matin, mes enfants, avez-vous pensé au grand nombre de personnes qui ont travaillé pour vous procurer des vêtements ? D'où viennent la laine et le coton ? De l'Australie, de l'Égypte, de Madagascar, grâce aux vaisseaux et aux chemins de fer. Pour faire du drap, de la toile beaucoup d'ouvriers ont filé cette laine, ce coton, dans d'importantes manufactures. Ainsi depuis le pâtre qui gardait ses moutons et le noir qui récoltait le coton, jusqu'au tailleur et à la couturière qui ont confectionné vos habits, plusieurs milliers de personnes ont travaillé pour vous.

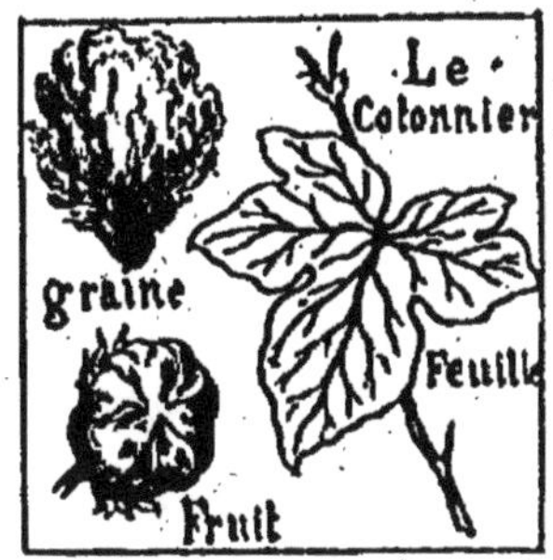

Et pour obtenir le morceau de pain que vous avez mangé avant de venir en classe, n'a-t-il pas fallu labourer, fumer, ensemencer, récolter, moudre, etc. ? Pour exécuter ces travaux, que d'outils employés ! Que d'ouvriers pour fabriquer ces outils !

Et votre demeure, qui l'a construite ? Cent personnes ont peiné pour vous élever cette habitation, pendant que des milliers d'autres travaillaient en même temps pour ces ouvriers et par suite pour vous.

Les avantages intellectuels et moraux dont nous sommes redevables à la société ne sont pas moins importants. A part son utilité, la vie sociale est un plaisir dont on ne peut se passer.

QUESTIONNAIRE. — 1. Que représentent les gravures du récit ? — 2. D'où proviennent les vêtements que nous portons ? — 3. Qu'a-t-il fallu pour nous les procurer ? Quels travaux a-t-il fallu exécuter pour avoir le pain que nous mangeons !... la demeure que nous habitons ? — 4. Quels avantages devons-nous encore à la société ?

Résumé. — *L'homme est né pour vivre en société. Il ne peut se passer du secours de ses semblables. Isolé, abandonné à ses propres forces, il mènerait une vie de privations et de misère. La société lui assure une multitude d'avantages matériels et intellectuels.*

81e LEÇON

La société : sa nécessité, ses avantages (fin).

Récitation du résumé. (Voir 80e leçon.)

LECTURE A COMMENTER

Le rat auquel on a attaché un grelot.

Une vieille maison de campagne était infestée de rats. Ils y commettaient des déprédations journalières. Les chats, le poison, les pièges, rien ne pouvait en avoir raison.

L'un d'eux fut pris encore vivant, ce qui permit d'essayer d'un nouveau moyen. On lui attacha au cou une petite sonnette et on lui rendit la liberté.

Le rat se précipita dans le trou le plus proche et voulut rejoindre ses compagnons; mais à son approche, tous, effrayés, s'enfuirent.

Il fut d'abord ravi d'avoir la maison à lui seul. « C'est bien! dit-il, moins on sera, plus on aura. »

Pendant quelques jours ce genre de vie lui plut. Il mangea, mangea, jusqu'à ce que le désir lui prit de voir ses compagnons.

Il fit tous ses efforts pour se débarrasser du grelot, mais en vain. A son approche, ses compagnons s'enfuyaient. Il errait, désespéré, lorsqu'enfin il rencontra un chat, qui le dévora en un instant.

Vivre en société est un bien inestimable. Ceux qui en sont privés languissent et se désespèrent. Sachons nous en montrer toujours dignes.

(Behr et Piquet, *Cours pratique élémentaire d'instruction intégrale*. Librairie : La Nouvelle Édition.)

82e LEÇON

La justice.

Celui qui porte atteinte aux droits d'autrui manque au devoir de justice. C'est à la justice que nous sommes redevables des bienfaits dont nous jouissons. Nous devons l'aimer surtout pour elle-même, parce qu'il est bien d'être juste.

RÉCIT. — Charles-Quint et le berger.

L'empereur Charles-Quint, accompagné d'une suite nombreuse, voyageait d'Anvers à Bruxelles. Une brebis fut écrasée par un de ses chevaux. Le berger se plaignit au monarque et demanda une indemnité qui lui fut refusée. Il alla alors porter sa plainte devant un tribunal que présidait un magistrat connu pour son intégrité. Le procès fut jugé et le berger eut gain de cause.

Cependant, les grands seigneurs de la cour, irrités d'un tel jugement, allèrent trouver le magistrat et lui reprochèrent, en termes vifs, d'être hostile à l'empereur, de n'avoir pour lui ni affection, ni dévouement. « Dites à Sa Majesté, répondit le juge avec fermeté, que je lui suis soumis comme sujet, mais que, dans les affaires de mon tribunal, je ne reconnais d'autre autorité que celle de la justice. »

Ces magnanimes paroles frappèrent l'esprit de l'empereur. Plus tard il se souvint de l'homme vertueux qui les avait prononcées et l'appela à d'importantes fonctions.

QUESTIONNAIRE. — 1. Que représentent les gravures du récit ? — 2. Pourquoi le berger se plaignait-il ? Avait-on raison de lui refuser une indemnité ? — 3. Pourquoi les seigneurs étaient-ils irrités ? Quels reproches firent-ils au magistrat ? — 4. Que pensez-vous de la réponse du juge ? — 5. Que fit plus tard l'empereur ?

RÉSOLUTION. — *J'aimerai la justice. Je ne nuirai à personne. Je rendrai à chacun ce qui lui est dû.*

83e LEÇON

La justice (suite).

La justice est le respect de la liberté et de l'égalité. Elle permet à chacun de nous de faire ce qu'il veut, à la condition que l'exercice de ce droit ne porte aucune atteinte au droit des autres.

RÉCIT. — **Frédéric le Grand et le meunier.**

Frédéric II, roi de Prusse, se plaignait vivement qu'un moulin à vent dérangeât le point de vue de son parc de *Sans-Souci*. Plusieurs fois, il avait voulu l'acquérir, afin de l'abattre ; mais le meunier refusait toutes ses offres. Mal conseillé, le roi résolut de s'emparer de force du moulin. Lorsque le meunier apprit cette détermination : « Ce projet est injuste, s'écria-t-il, il est impossible que Sa Majesté l'ait conçu ! » On rapporta ces paroles à Frédéric qui vint trouver le meunier : « Tu es bien hardi, lui dit-il, de résister à ma volonté ;

j'ai besoin de ton moulin, je te le paierai dix fois ce qu'il vaut, mais je veux qu'on l'abatte sur-le-champ. Qu'as-tu à répondre à cela ? — Sire, j'ai à répondre que ce moulin est à moi, qu'il est l'héritage de mes parents, que mon intention est de le garder et qu'aucune puissance n'a le droit de m'en séparer. — Tu refuses alors de me le céder ? — Oui, Sire. — Eh bien ! je vais le prendre, je suis le maître. — Cela vous plaît à dire, Sire, mais vous ne le ferez point, car nous avons des juges à Berlin qui sauront bien vous en empêcher. »

A cette repartie hardie, Frédéric fut surpris puis charmé, car il constatait combien le meunier avait confiance dans ses lois et dans ses magistrats. Il renonça à son projet et le moulin ne fut pas abattu.

Questionnaire. — 1. Que représentent les gravures du récit ? — 2. Pourquoi le roi de Prusse voulait-il acheter le moulin ? Pourquoi le meunier tenait-il à le conserver ? — 3. Frédéric avait-il le droit de déposséder le meunier ? — 5. Que pensez-vous de la réponse du meunier ? — 5. Que pensez-vous de la conduite du roi ?

Résumé. — *La justice consiste à ne pas porter atteinte aux droits d'autrui, à rendre à chacun ce qui lui est dû. Nous devons aimer la justice, car c'est à elle que nous sommes redevables des bienfaits dont nous jouissons. Les commandements qu'elle nous impose sont résumés dans cette maxime : « Ne faites pas à autrui ce que vous ne voudriez pas qu'on vous fît à vous-même. »*

84e LEÇON

La justice (fin).

Récitation du résumé. (Voir 83e leçon.)

LECTURE A COMMENTER

Le loup et l'agneau.

La raison du plus fort est toujours la meilleure,
Nous l'allons montrer tout à l'heure.
— Un agneau se désaltérait,
Dans le courant d'une onde pure.
Un loup survient à jeun, qui cherchait aventure,
Et que la faim en ces lieux attirait.
« Qui te rend si hardi de troubler mon breuvage ?
Dit cet animal plein de rage,

Tu seras châtié de ta témérité.
— Sire, répond l'agneau, que Votre Majesté
Ne se mette pas en colère;
Mais plutôt qu'elle considère
Que je me vas désaltérant
Dans le courant,
Plus de vingt pas au-dessous d'elle;
Et que, par conséquent, en aucune façon,
Je ne puis troubler sa boisson.
— Tu la troubles! reprit cette bête cruelle;
Et je sais que de moi, tu médis l'an passé.
— Comment l'aurais-je fait si je n'étais pas né?
Reprit l'agneau; je tette encore ma mère.
— Si ce n'est toi c'est donc ton frère.
— Je n'en ai point. — C'est donc quelqu'un des tiens;
Car vous ne m'épargnez guère,
Vous, vos bergers et vos chiens.
On me l'a dit : il faut que je me venge. »
Là-dessus, au fond des forêts
Le loup l'emporte, et puis le mange,
Sans autre forme de procès.

La Fontaine.

85ᵉ LEÇON

Respect de la vie humaine.

Nous n'avons le droit d'ôter la vie à un de nos semblables que dans le cas de légitime défense, c'est-à-dire lorsque nous ne pouvons préserver autrement la nôtre. Celui qui cède à la peur et tue alors qu'il pouvait se défendre autrement est gravement coupable. Le premier devoir de justice est le respect de la vie humaine.

Récit. — Légitime défense.

M. Thierry, maraîcher aux environs de Paris, a l'habitude de transporter tous les jours ses marchandises aux halles centrales. Il quitte ordinairement sa maison vers onze heures du soir. Dernièrement, il fut arrêté sur la grand' route par deux malfaiteurs armés qui le menaçaient, en lui criant : « La bourse ou la vie! » L'un d'eux avait arrêté le cheval pendant que le second escaladait le marchepied. M. Thierry, n'étant pas d'humeur à se laisser dépouiller, arrache un revolver de sa poche, tire sur son agresseur qui tombe mortellement frappé ! Pour sauver sa vie, il avait supprimé celle du voleur.

Le mois suivant, non loin de la demeure de M. Thierry, un maraudeur, s'introduisait nuitamment chez un maraîcher pour voler des légumes : artichauts, choux-fleurs, etc. Le jardinier entendant du bruit se leva, prit son fusil chargé et tua le voleur.

Légalement, les deux meurtriers n'ont aucun compte à rendre à la justice. Ils échappent au jugement des hommes, parce qu'ils sont considérés comme étant en état de légitime défense. Mais la morale est plus sévère que la loi et si le premier est absous par sa conscience, sa vie étant réellement menacée, le second n'a pas le même motif à invoquer. Sa conscience lui dira que mieux eût valu laisser prendre tous les légumes de son jardin que de tuer un homme. Il ne faut pas abuser du droit de légitime défense.

Questionnaire. — 1. Que représentent les gravures du récit ? — 2. Pourquoi M. Thierry a-t-il tué le voleur ? — 3. Pourquoi le jardinier a-t-il tué le maraudeur ? — 4. Les deux meurtriers sont-ils tous deux absous par leur conscience ?

Résumé. — *La vie humaine est sacrée. Notre premier devoir est de la respecter. L'homicide volontaire est le plus grand et le plus odieux des crimes. Il n'est permis à un homme de tuer son semblable que dans le cas de légitime défense.*

86e LEÇON

Respect de la vie humaine (suite).

Gardons-nous d'agir dans un mouvement de colère. Evitons les imprudences. Que d'enfants ont tué des camarades, des frères, des sœurs, soit en lançant imprudemment des cailloux, ou, encore, en maniant des armes, malgré la défense expresse de leurs parents.

Récit. — Dangers des armes à feu.

M. Benoît, employé de bureau, aime beaucoup la chasse. C'est pour lui une utile et agréable distraction. M. Benoît est chasseur prudent. Jamais il ne prend son arme par le canon pour battre un fourré et il a soin de décharger son fusil quand il monte en chemin de fer ou quand il rentre chez lui.

Un jour, cependant, par inadvertance, il accrocha son fusil chargé au râtelier. Il eut bientôt à le regretter amèrement.

En effet, le jeudi suivant, son fils Victor, écolier de onze ans, resté à la maison, jouait avec sa petite sœur, de deux ans plus jeune que lui. Il eut la malheureuse idée de décrocher le fusil qu'il ne supposait pas chargé. Après avoir fait quelques mouvements : « Portez arme ! » il dit à sa sœur : « Nous allons jouer à la guerre, tu seras l'ennemi et je te mettrai en joue. » Bientôt une détonation formidable ébranle la maison; la petite Marie atteinte en pleine poitrine expire un instant après.

Victor est au désespoir. Toute sa vie, il aura le remords d'avoir été le meurtrier d'une sœur qu'il adorait.

Enfants, réfléchissez avant d'agir. Ne jouez jamais avec les armes à feu, vous éviterez souvent de grands malheurs.

Questionnaire. — 1. Que représentent les gravures du récit ? — 2. Pourquoi M. Benoît est-il un chasseur prudent ? — 3. N'a-t-il pas cependant commis une imprudence ? — 4. Victor en est-il coupable ? — 5. Pourquoi ne faut-il jamais jouer avec les armes à feu ?

Résolution. — *Je ne toucherai jamais aux armes à feu pour m'amuser. Je ne commettrai aucune imprudence qui puisse coûter la vie à quelqu'un.*

87e LEÇON

Respect de la vie humaine (fin).

Récitation du résumé. (Voir 86e leçon.)

LECTURE A COMMENTER

Une imprudence homicide.

Un de mes frères était mort, et il ne restait plus à ma mère qu'un fils, ma sœur et moi. Ma sœur s'était faite la providence de la maison. — Elle vaquait à tout, prévoyait tout, s'ingéniait à rendre le courage à la pauvre veuve; et ma mère voyait en elle tout un avenir de consolations. Mais, hélas ! les malheurs marchent en foule, dit un proverbe oriental. Cette aimable enfant, qui donnait à sa mère de si douces et si chères espérances, allait lui être enlevée, dans les circonstances les plus douloureuses.

C'était le 30 juin, pendant notre déménagement. Les enfants, avec leur petite bonne, faisaient beaucoup de voyages d'une maison à l'autre. A l'un de ces derniers, ils tardèrent à revenir. Ma mère regarda vers l'extrémité de la rue et ne vit rien. Rentrée, elle s'aperçut que plusieurs personnes passaient devant sa demeure en y plongeant des regards anxieux. « Que veulent-elles donc? se demanda-t-elle; que font-elles donc là? » Ce qu'elles faisaient hélas! elles précédaient d'autres personnes rapportant, dans un drap, le cadavre de ma sœur, qui venait d'être tuée d'un coup de pistolet.

Or, voici ce qui s'était passé. Quelques jours après la mort de mon père, les gendarmes, par prudence, avaient déchargé sa carabine et ses pistolets. Mais, pour épargner à ma mère le bruit des détonations, ils les avaient déchargés avec un tire-balles. Par une fatalité terrible, l'un des pistolets contenait deux charges superposées, et la charge inférieure resta au fond du canon. — Eh bien, ce fut cette arme-là, celle-là entre toutes les autres, que la jeune bonne saisit en jouant; puis disant à ma sœur : « Je vous tue, » elle visa et la tua.

Mme Pape-Carpentier. — Hachette et Cie éditeurs.

88e LEÇON

Respect de la propriété : la probité.

La justice veut qu'on respecte le bien d'autrui. Le vol est une atteinte à la justice et l'épithète de voleur est une flétrissure. Nul n'a le droit de prendre à autrui un objet, si minime qu'en paraisse la valeur ou de garder une somme qu'on lui a confiée.

Récit. — **Un honnête enfant.** (D'après E. Pécaut.)

Un riche Anglais sortant un jour de sa maison rencontre un enfant d'une douzaine d'années, en haillons, le visage blême, qui lui offra des boîtes d'allumettes, le priant de lui en acheter une par charité.

— Je suis bien fâché, mon garçon, dit le monsieur, mais je n'ai que des pièces d'or. — Qu'à cela ne tienne, répliqua l'enfant, donnez-moi la pièce d'or, je vais courir chez un marchand et vous rapporter la monnaie. — Bien vrai? — Oh! monsieur, bien vrai. Je ne suis pas un voleur.

La pièce d'or lui est remise et il part en courant.

Cinq minutes se passent, puis dix, l'enfant ne revient pas. Au bout d'une demi-heure, impatienté, le monsieur poursuit sa promenade, se promettant bien de ne plus se fier aux petits vagabonds.

Comme il rentrait chez lui, un enfant s'approche : « Monsieur, s'écrie-t-il, Robert, mon frère, m'envoie vous remettre la monnaie

de votre pièce d'or. Une voiture l'a renversé et à présent, il est chez nous et je crois qu'il va mourir. »

Cette triste histoire était vraie. Le riche Anglais se fit conduire au logis des deux orphelins. « Tu lui as donné l'argent, n'est-ce pas, dit Robert à son frère. Oh ! je suis content. Vous voyez bien, monsieur, que je ne suis pas un voleur ! »

Quelques minutes après, Robert expirait.

Pourrait-on trouver un plus bel exemple d'honnêteté dans la pauvreté ?

Questionnaire. — 1. Que représentent les gravures du récit ? — 2. Que demandait l'enfant au riche Anglais ? Que répondit celui-ci et que se passa-t-il ? — 3. Quelles réflexions faisait l'Anglais en constatant que l'enfant ne revenait pas ? — 4. Qu'apprend-il en rentrant chez lui ? — 5. Que pensez-vous de la conduite de l'enfant ?

Résolution. — *Je ne prendrai rien de ce qui appartient à mon prochain. J'imiterai Robert qui était un honnête enfant.*

89e LEÇON

Respect de la propriété : la probité (suite).

Un commerçant doit exercer honnêtement son métier. Vouloir réaliser des bénéfices en trompant les clients sur la quantité ou la qualité de la marchandise vendue, c'est voler. La fraude est un vol. La contrebande est aussi un vol.

RÉCIT. — Pour si peu !

Une laitière avait été condamnée à cinquante francs d'amende pour avoir vendu du lait « baptisé ». — C'est égal, disait un voisin, en sortant du tribunal, le jugement est sévère; faire payer cinquante francs pour si peu !

— Comment pour si peu ! répliqua Jean-Pierre. Cette personne doit s'estimer bien heureuse de s'en tirer à si bon compte, car les voleurs méritent la prison. — Mais ce n'est pas une voleuse, répartit le voisin. — Si, répondit Jean-Pierre. On n'est pas seulement un voleur quand on prend l'argent d'autrui, on est aussi un voleur quand on trompe sur la qualité ou sur la quantité de la marchandise vendue. Le commerçant qui triche sur la longueur d'une étoffe, l'épicier qui vend de la chicorée pour du café moulu, le crémier qui livre de la margarine pour du beurre sont des voleurs. La laitière qui vend de l'eau pour du lait est une voleuse. Elle est même plus coupable que beaucoup d'autres fraudeurs, car le lait est l'aliment des petits enfants et des malades qui ont tant besoin d'une nourriture fortifiante. Le lait falsifié les affaiblit au lieu de les soutenir. La voleuse dans ce dernier cas est bien près d'être une criminelle. Le juge, selon moi, a été trop indulgent.

Questionnaire. — 1. Que représentent les gravures du récit ? — 2. Pourquoi la laitière avait-elle été condamnée ? — 3. N'y a-t-il de voleur que celui qui prend l'argent d'autrui ? — 4. Que pensez-vous des fraudeurs ? — 5. Pourquoi ceux qui falsifient le lait sont-ils plus coupables que les autres fraudeurs ?

Résumé. — *La propriété est le droit de disposer absolument des choses que l'on possède légitimement. Le droit de propriété est sacré. La propriété est la condition même de la vie, du progrès, de la civilisation. Toutes les atteintes au droit de propriété sont des vols.*

90e LEÇON

Respect de la propriété : la probité (fin).

Récitation du résumé. (Voir 89e leçon.)

LECTURE A COMMENTER

Les pommes du voisin.

Un matin, le petit Georges aperçut de sa fenêtre, dans le verger du voisin, une grande quantité de pommes rouges qui étaient éparses sur l'herbe.

Aussitôt, il descendit, se glissa dans le verger par une ouverture qu'il avait remarquée dans la haie, et remplit de pommes les poches de sa veste et de son pantalon.

Tout à coup, le propriétaire parut à la porte, un bâton à la main. Georges courut à toutes jambes vers la haie, et voulut sortir par où il était entré.

Mais, ô malheur ! ses poches étaient tellement remplies, que le trou de la haie fut trop étroit pour lui livrer passage : il y resta pris comme dans un piège. Rouge de honte et immobile de frayeur, il fut contraint de restituer les pommes qu'il avait dérobées et reçut la juste punition de son larcin.

Schmid.

91ᵉ LEÇON

Respect de la liberté individuelle.

Celui qui se laisse entraîner à mal faire montre qu'il manque de volonté. Celui qui aliène sa liberté, son indépendance, perd toute dignité.

Récit. — Une élection.

M. Bertrand, gros industriel, candidat à un siège de conseiller général, réunit ses ouvriers. « J'espère, leur dit-il, que, tous, vous voterez pour moi dimanche. Si je suis élu j'accorderai à tous une gratification. — Pardon, patron, dit aussitôt un des ouvriers, j'ignore si vous serez élu conseiller général, mais je sais bien que l'espoir d'une gratification ne troublera la conscience d'aucun de nous et que tous nous voterons librement. — Vous êtes libres, c'est vrai, moi aussi je suis libre ; que diriez-vous si je remplaçais ceux d'entre vous qui me sont hostiles par des ouvriers plus dociles. — Vous commettriez une mauvaise action, patron, nous sommes à votre service pour faire un travail convenu, vous pouvez disposer de nos bras, mais vous devez respecter nos droits de citoyen. Nous tenons à ces droits que nos pères ont conquis au prix de tant de luttes et qu'ils nous ont légués. Nous sommes fiers d'être les descendants de ces hommes du peuple, artisans, ouvriers, paysans, qui, il y a un peu plus de cent ans, ont donné leur vie, non pour de l'argent, mais pour conquérir la liberté. Nous serions indignes de ces vaillants qui mouraient heureux à la pensée qu'ils donnaient à leurs enfants une patrie libre, si nous étions capables de renoncer à cette liberté. »

QUESTIONNAIRE. — 1. Que représentent les gravures du récit ? — 2. Pourquoi M. Bertrand rassemblait-il ses ouvriers ? Quel langage leur tint-il ? — 3. Que répondit un des ouvriers ? — 4. A qui devons-nous la liberté dont nous jouissons ? — 5. Pourquoi ne devons-nous pas aliéner notre liberté ?

RÉSOLUTION. — *Je respecterai la liberté de mes semblables et jamais je n'aliénerai la mienne.*

92e LEÇON

Respect de la liberté individuelle (suite).

Voyez cet ivrogne ; il sait que la boisson lui fait mal et cependant il va boire quand même. Poussé par son ignoble passion il retourne au cabaret. Il n'est pas libre. La passion lui a enlevé sa liberté. Elle a paralysé sa volonté. Soyons toujours maître de nous-même.

RÉCIT. — Aujourd'hui, autrefois.

Paul est un élève intelligent qui aime à se rendre compte de ce qu'il étudie. Hier, il dit à son maître : Je désirerais savoir en quoi consiste au juste la liberté. — Etre libre, dit l'instituteur, c'est s'appartenir, c'est avoir le droit d'aller et de venir à sa guise, d'agir et de travailler comme il vous plaît, de penser, de parler, d'écrire comme on l'entend, de manifester ses opinions librement, de voter selon sa conscience, c'est, en un mot, user, à son gré, de ses facultés physiques et morales, à la seule condition de ne pas nuire à autrui. — Il n'en était donc pas ainsi autrefois ? demanda Paul. — Non, répondit le maître. Jadis, nos ancêtres étaient dans l'absolue dépendance des seigneurs. Leur temps, leur travail, leur personne, leur vie même, appartenaient à leurs maîtres, qui disposaient d'eux comme nous disposons, de nos jours, d'une bête de somme. — Et qui a délivré nos pères de la servitude ? dit Paul. — C'est la

Révolution de 1789. C'est son honneur d'avoir proclamé que tous les hommes naissent *libres* et *égaux* en droits. Aujourd'hui, il n'y

a plus ni serfs, ni seigneurs, ni privilèges féodaux ; mais nous ne resterons des citoyens libres que si nous savons user sagement de la liberté dont nous jouissons.

Questionnaire. — 1. Que représentent les gravures du récit ? — 2. Qu'est-ce qu'être libre ? — 3. Nos ancêtres s'appartenaient-ils ? — 4. Qui les a délivrés de la servitude ? — 5. A quelle condition pourrons-nous rester libres ?

Résumé. — *La liberté consiste à pouvoir faire tout ce qui ne nuit pas à autrui. Elle est, après la vie, le plus précieux des biens. Sans la liberté, il n'y a ni dignité, ni sécurité. C'est à la Révolution que nous devons la liberté. Si elle venait à être menacée, nous nous lèverions tous comme un seul homme pour la défendre.*

93e LEÇON

Respect de la liberté individuelle (fin).

Récitation du résumé. (Voir 92e leçon.)

LECTURE A COMMENTER

Le loup et le chien.

Un loup n'avait que les os et la peau,
Tant les chiens faisaient bonne garde.
Ce loup rencontre un dogue aussi puissant que beau,
Gras, poli, qui s'était fourvoyé par mégarde.
L'attaquer, le mettre en quartiers,
Sire loup l'eût fait volontiers ;
Mais il fallait livrer bataille;
Et le mâtin était de taille
A se défendre hardiment,
Le loup donc l'aborde humblement
Entre en propos, il lui fait compliment
Sur son embonpoint, qu'il admire.
« Il ne tiendra qu'à vous, beau sire,
D'être aussi gras que moi, lui repartit le chien.
Quittez les bois, vous ferez bien :
Vos pareils y sont misérables,
Cancres, hères et pauvres diables,
Dont la condition est de mourir de faim.
Car, quoi ! rien d'assuré ! point de franche lippée !
Tout à la pointe de l'épée !
Suivez-moi, vous aurez un bien meilleur destin. »
Le loup reprit : « Que me faudra-t-il faire ?
— Presque rien, dit le chien : donner la chasse aux gens
Portant bâtons, et mendiants ;
Flatter ceux du logis, à son maître complaire !
Moyennant quoi, votre salaire
Sera force reliefs de toutes les façons
Os de poulets, os de pigeons,
Sans parler de mainte caresse. »
Le loup déjà se forge une félicité
Qui le fait pleurer de tendresse.
Chemin faisant, il voit le cou du chien pelé.
« Qu'est-ce là ? lui dit-il. — Rien. — Quoi ! rien. — Peu de chose.
— Mais encor ? Le collier dont je suis attaché
De ce que vous voyez est peut-être la cause.
— Attaché ! dit le loup ; vous ne courez donc pas
Où vous voulez ? — Pas toujours ; mais qu'importe ?
— Il importe si bien, que de tous vos repas
Je ne veux en aucune sorte.

Et ne voudrais pas même à ce prix un trésor. »
Cela dit, maître loup s'enfuit et court encor.

LA FONTAINE.

94° LEÇON

Respect de l'honneur : médisance, calomnie, délation.

La médisance est une des principales causes de discorde entre les hommes; c'est la peste des relations sociales. Aucune réputation ne peut résister contre les insinuations du médisant qui divulgue les secrets et proclame les fautes.

RÉCIT. — **Trop bavarde.**

C'était une femme robuste et travailleuse que la mère Catherine. Elle ne reculait jamais devant les plus rudes travaux; les gros ouvrages ne l'effrayaient pas, aussi l'employait-on volontiers dans le pays,

Mais Catherine était très bavarde; c'était ce qu'on appelle vulgairement une « mauvaise langue ». Elle ne savait pas garder pour elle les conversations qu'elle entendait dans les maisons où elle travaillait.

Elle fut ainsi la cause de brouilles entre amis, de querelles entre voisins.

On s'aperçut enfin que Catherine était une médisante et que toutes les vilaines histoires qui avaient jeté la discorde dans le pays étaient le résultat de ses bavardages. On cessa de réclamer ses services. Elle tomba ainsi dans une profonde misère, mais ce châtiment était mérité puisqu'elle avait voulu nuire aux autres.

Evitons de parler des autres et surtout d'en dire du mal.

Questionnaire. — 1. Que représentent les gravures du récit ? — 2. Faites le portrait physique de la mère Catherine. — 3. Quel était son grand défaut ? — 4. Que lui arriva-t-il ? — 5. Qu'est-ce que la médisance ?

Résolution. — *Je respecterai la réputation d'autrui. Je ne serai point médisant.*

95e LEÇON

Respect de l'honneur : médisance, calomnie, délation. (suite).

Celui qui écoute sans protester le médisant et le calomniateur fait preuve d'une complaisance coupable. Prenons courageusement la défense de notre prochain ; ne permettons pas qu'en notre présence, on ternisse l'honneur de nos semblables.

Récit. — **Médisance et calomnie.**

Germaine a raconté à sa tante que Léonie Aubert avait été punie à l'école parce qu'elle n'avait pas fait ses devoirs. Elle oublia de dire que quelques jours auparavant, Léonie avait obtenu des éloges pour sa bonne conduite. Elle n'a fait connaître que les défauts de sa compagne et a laissé dans l'ombre ses qualités. Elle s'est montrée injuste. Germaine est une médisante.

Madeleine emprunta un jour des ciseaux à sa camarade de classe Julie. Celle-ci ayant quitté l'école avant la fin des exercices, Madeleine se dit : « Je lui rendrai ses ciseaux demain. Mais précisément le lendemain elle tomba malade et ne vint pas à l'école. Julie, qui est très étourdie, ne se souvenait pas d'avoir prêté ses ciseaux et elle les cherchait partout. Louise lui dit : « Tes ciseaux sont dans le bureau de Madeleine, c'est elle qui te les a pris. » Elle répéta même ce propos malveillant devant toutes ses compagnes pendant la récréation.

Revenue en classe, Madeleine apprit ce qui s'était passé en son

absence ; elle rappela à Julie dans quelle circonstance elle lui avait emprunté ses ciseaux et lui assura qu'elle n'avait jamais eu l'intention de se les approprier. Julie ne doutait point de la probité de sa compagne, mais la calomnie de Louise avait tout de même fait le plus grand tort à la réputation de Madeleine.

Questionnaire. — 1. Que représentent les gravures du récit ? — 2. Qu'est-ce que Germaine a raconté à sa tante ? Que pensez-vous de sa manière d'agir ? — 3. Dans quelle circonstance Louise a-t-elle calomnié Madeleine ? — 4. Que pensez-vous des calomniateurs ?

Résumé. — *L'honneur est un bien précieux. On attente à l'honneur d'autrui par la médisance, la calomnie. Le médisant dit du mal des autres sans nécessité. Le calomniateur impute faussement à son prochain une action déshonorante.*

Je ne serai ni médisant, ni calomniateur.

96e LEÇON

Respect de l'honneur : médisance, calomnie, délation. (fin).

Récitation du résumé. (Voir 95e leçon.)

LECTURE A COMMENTER

Le voyageur et le chien.

Un voyageur passait à cheval dans un bois; un chien, qui dormait sur la route, fut réveillé en sursaut par le bruit et se mit aussitôt à aboyer et à sauter autour du cavalier. Le cheval, effrayé, prit le galop. Alors le voyageur, furieux, dit au chien qui courait à sa suite : « Je n'ai pas d'armes à la main pour me débarrasser de toi, mais j'ai dans la bouche un moyen de vengeance assuré... » Lorsqu'ils furent arrivés au bourg, le voyageur cria : « Au chien enragé ! » A ce cri, les habitants sortirent de leurs maisons avec des bâtons, des fourches, des fusils, et le pauvre chien fut bientôt massacré.

Quelle est l'arme dont le voyageur s'était servi ? La *calomnie*, qui tue parfois plus sûrement qu'une arme à feu.

(J. Steeg, *le Livre du petit citoyen*. Fernand Nathan, éditeur.)

97e LEÇON

Respect des opinions et des croyances d'autrui. La tolérance.

Il fut un temps où les hommes n'osaient point parler, n'osaient pas même penser. Ils étaient tourmentés par la crainte incessante d'être poursuivis et persécutés pour avoir pensé, cru, prié, autrement que le permettaient le monarque et l'Église.

Récit. — **Indifférence, intolérance, tolérance.**

On va bientôt voter pour nommer les conseillers municipaux. Paul a sur les affaires publiques des idées très nettes qu'il échange volontiers avec ses voisins. La semaine dernière, il travaillait dans son jardin quand passèrent successivement trois de ses compatriotes avec lesquels il lia conversation.

Pierre, le premier, ne se soucie nullement de ce qui préoccupe une grande partie des électeurs. « On peut bien, dit-il, nommer qui on voudra, je m'en désintéresse complètement ; je n'ai pas plus à y perdre qu'à y gagner. » Pierre est d'humeur à entendre sans

approuver, ni sans protester toutes les opinions, toutes les théories, il n'a d'idées sur rien. C'est un *indifférent*.

Robert, lui, a des opinions et elles sont tout à fait opposées à celles de Paul. Aussi dès les premiers mots, Robert s'anime, il parle fort, il est convaincu que, seul, il a raison. Comme Paul tient à ses idées et qu'il les défend avec énergie, Robert emploie les gros mots et s'oublie même jusqu'à lever la main sur Paul. Robert, qui veut imposer ses opinions par la force, est un *intolérant*. « Tu as tort, lui dit Jean. Chacun de nous a certainement le droit de défendre ses opinions et de chercher à les propager, mais ce n'est pas par des paroles méprisantes, des insultes ou des menaces qu'il y parviendra, c'est par de bonnes raisons exprimées en langage courtois. »

Jean est *tolérant*.

QUESTIONNAIRE. — 1. Que représentent les gravures du récit ? — 2. Que pense Pierre des élections qui vont avoir lieu ? Qu'est-ce qu'un indifférent ? — 3. Que pensez-vous des idées de Robert ? Qu'est-ce qu'un intolérant ? — 4. Quelle tournure la discussion prend-elle avec Jean ? Qu'entend-on par « esprits tolérants ? »

Résolution. — *Je serai tolérant. Je respecterai toujours les croyances, les opinions et les idées de mes semblables.*

98ᵉ LEÇON

Respect des opinions et des croyances d'autrui. La tolérance (fin).

LECTURE A COMMENTER

Les deux paysans et le nuage.

Guillot disait un jour à Lucas,
D'une voix triste et lamentable,
Ne vois-tu pas venir là-bas
Ce gros nuage noir ? C'est la marque effroyable
Du plus grand des malheurs. — Pourquoi ? répond Guillot,
— Pourquoi ? regarde donc : ou je ne suis qu'un sot,
Ou ce nuage est de la grêle
Qui va tout abîmer, vigne, avoine, froment.
Toute la récolte nouvelle
Sera détruite en un moment.
Il ne restera rien : le village en ruine
Dans trois mois aura la famine ;
Puis la peste viendra ; puis nous périrons tous.
— La peste ? dit Guillot. Doucement, calmez-vous,
Je ne vois pas cela, compère ;
Et, s'il faut vous parler selon mon sentiment,
C'est que je vois tout le contraire ;
Car ce nuage assurément
Ne porte point de grêle, il porte de la pluie ;
La terre est sèche dès longtemps,
Il va bien arroser nos champs ;
Toute notre récolte en doit être embellie.
Nous aurons le double de foin,
Moitié plus de froment, du vin en abondance ;
Nous serons tous dans l'opulence,
Et rien, hors les tonneaux, ne nous fera besoin.

— C'est bien voir que cela, dit Lucas en colère.
— Mais chacun a ses yeux, lui répondit Guillot.
— Oh ! puisque c'est ainsi, je ne dirai plus mot ;
Attendons la fin de l'affaire :
Rira bien qui rira le dernier. — Dieu merci,
Ce n'est pas moi qui pleure ici. »
Ils s'échauffaient tous deux ; déjà dans leur furie
Ils allaient se gourmer, lorsqu'un souffle de vent
Emporta loin de là le nuage effrayant :
Ils n'eurent ni grêle ni pluie.

FLORIAN.

CHAPITRE VII

MORALE SOCIALE (*Suite*).

4° Devoirs de charité.

99e LEÇON

La charité.

L'homme vraiment charitable trouve toujours le moyen de venir en aide à son prochain. Il sait profiter de toutes les occasions pour lui être utile. Il n'hésite pas à s'imposer une gêne, une privation, pour diminuer la misère d'autrui. Il trouve dans son cœur le moyen de secourir toutes les infortunes.

Récit. — **Le camarade charitable.**

André fréquentait assez régulièrement l'école, mais il arrivait toujours en retard. Il ne faisait pas ses devoirs et n'apprenait aucune leçon. Le maître le grondait sans cesse et lui reprochait sa paresse. « Ce n'est pas ma faute », répétait l'enfant en pleurant.

Georges, un de ses condisciples, un excellent petit garçon, eut pitié de lui. A la sortie de la classe, il lui dit : « Explique-moi donc comment ce n'est pas ta faute si tu ne travailles pas. » Le pauvre petit raconta qu'il était obligé d'aider sa mère dans les travaux de la maison, que son père malade ne pouvait plus rien faire et qu'il n'avait jamais de moment libre pour s'occuper de son travail de classe.

— Eh bien ! répondit Georges, j'irai tous les soirs t'aider dans la tâche que ta mère t'impose, puis nous ferons ensemble nos devoirs. Georges tint parole. Bientôt le maître apprit la cause du changement survenu dans le travail d'André. Il félicita Georges qui, très charitablement, avait aidé son camarade. Georges en était très heureux. La principale source du bonheur ne réside-t-elle pas dans celui qu'on donne aux autres ?

Questionnaire. — 1. Que représentent les gravures du récit ? — 2. Pourquoi André ne faisait-il pas ses devoirs ? — 3. Que fit Georges ? Pourquoi fut-il félicité par le maître ? — 4. Auriez-vous agi comme lui en pareille circonstance ? — 5. Ne devons-nous pas traiter nos camarades comme des frères ?

Résolution. — *Je veux être bon pour tous mes camarades. Je les aimerai et je leur ferai tout le bien que je pourrai.*

100e LEÇON

La charité (suite).

Celui qui aime son prochain lui veut du bien et lui en fait. Il est, à son égard, bienveillant et bienfaisant. L'aumône est une des formes de la bienfaisance, mais il ne faut pas la confondre avec la charité qui a pour fondement l'amour du prochain. On peut faire de larges aumônes sans être pour cela charitable.

Récit. — La façon de donner.

Le père Mathieu, âgé et infirme, mendie de porte en porte. Il sonne chez Mme Laurent. La vieille rentière vient ouvrir. « Ah ! c'est vous », dit-elle, du ton d'une personne agacée. Et elle rentre laissant là, debout, à la porte, le pauvre vieux tout honteux. Elle le fait tant attendre qu'il ne sait pas s'il doit rester ou partir. A la fin, la servante apporte un morceau de pain : « Tenez », dit-elle, sèchement, et la porte se referme pendant que le malheureux balbutie des remerciements. Il s'en va humilié. Il est amer, le pain donné sans une bonne parole.

Mathieu se rend ensuite chez les Durand. Pauvre maison ! le

père est journalier, la famille est nombreuse. Cependant le malheureux s'y transporte avec plaisir. C'est que là, il est bien accueilli. « Bonjour, père Mathieu, dit la ménagère, il fait froid ce matin, venez donc vous asseoir auprès du feu. » En se chauffant, le vieux conte ses misères; cela le soulage de sentir qu'on le plaint. La meilleure des aumônes n'est-elle pas la pitié ? Et la bonne Mme Durand glisse dans sa besace un morceau du gâteau fait la veille pour les enfants.

« C'est votre part, lui dit-elle, on l'a mise de côté. »

Le père Mathieu s'en va tout réconforté. « La vie est dure, pense-t-il, il y a cependant de braves gens dans le monde. »

Questionnaire. — 1. Que représentent les gravures du récit ? — 2. Qu'était-ce que le père Mathieu ? Comment est-il reçu chez Mme Laurent ? — 3. Est-il mieux accueilli chez les Durand ? — 4. Que pensez-vous d'une aumône faite sans une bonne parole ? — 5. Comment faut-il faire l'aumône ?

Résumé. — *L'aumône n'est pas toute la charité. On n'est charitable que lorsqu'on aime. La façon de donner vaut mieux que ce qu'on donne. Faisons l'aumône sans humilier ceux que nous secourons. C'est le cœur qui apprend comment il faut soulager les malheureux.*

101e LEÇON

La charité (fin).

Récitation du résumé. (Voir 100e leçon.)

LECTURE A COMMENTER

La charité.

Un jour, je me trouvais à une fête de village aux environs de Paris. Après dîner, la compagnie alla se promener à la foire. Elle s'amusa à jeter aux paysans des pièces de monnaie pour le plaisir de les voir se battre en les ramassant. Pour moi, j'allai me promener tout seul de mon côté.

J'aperçus une petite fille qui vendait des pommes sur un éventaire qu'elle portait devant elle. Elle avait beau vanter sa marchandise, elle ne trouvait pas de chalands.

« Combien toutes vos pommes ? lui dis-je.

— Toutes mes pommes ? » reprit-elle. Et la voilà occupée à calculer elle-même. « Six sous, monsieur, » me dit-elle.

— Je les prends pour ce prix, à condition que vous irez les distribuer à ces petits Savoyards que vous voyez là-bas. »

Ce qu'elle fit aussitôt. Ces enfants furent au comble de la joie de se voir régalés, ainsi que la petite fille de s'être défaite de sa marchandise. Tout le monde fut content et personne ne fut humilié.

J.-J. Rousseau.

Il y a des personnes qui ne savent pas faire l'aumône sans humilier ceux qu'ils secourent. J.-J. Rousseau n'était pas de celles-là. Il savait donner parce qu'il était charitable. C'est son bon cœur qui l'inspirait. C'est aussi votre cœur qui vous apprendra comment il faut soulager les malheureux.

102e LEÇON

Bienveillance et bienfaisance.

Les personnes qui ont bon cœur souffrent à la vue des malheurs d'autrui. Cette souffrance est de la pitié. Il ne faut pas se contenter d'avoir pitié de ceux qui souffrent, il faut les secourir selon ses moyens. L'homme véritablement bon oublie le mal qu'on lui a fait ; il pardonne volontiers.

Récit. — Une bonne action.

Deux enfants rentraient, après l'école, au domicile de leurs parents. « Tiens, dit Georges, regarde donc la mère Villain qui sort du taillis avec un énorme fagot de ramilles sur le dos. Est-elle drôle ? Si tu veux, nous allons rire ! Comme elle est très sourde, je vais m'approcher doucement derrière elle et poser le pied sur les branches qui balayent la route. Pendant qu'elle se dégagera de dessous son fagot, j'irai te rejoindre derrière ce gros arbre et elle ne verra personne. »

« A quoi penses-tu donc, Georges, dit Fernand. La pauvre mère Villain n'est-elle pas déjà assez malheureuse pour que tu songes à augmenter sa peine par une méchante farce. Aidons-la plutôt à porter son fardeau. » Georges était espiègle, mais il avait bon cœur. Tous deux s'approchèrent rapidement : « Bonsoir, madame Villain, dirent-ils. Votre fagot est bien lourd, voulez-vous que nous vous aidions à le porter jusque chez vous. » Sans attendre la réponse les deux enfants débarrassèrent la pauvre vieille, et chargèrent la bourrée sur leurs épaules.

La malheureuse remercia les deux petits garçons, et Georges, en la voyant si cassée, si infirme, se repentit d'avoir voulu s'amuser d'elle. Il se promit bien d'être bon envers tout le monde comme son camarade Fernand.

Questionnaire. — Que propose Georges à son camarade ? — 2. Pourquoi Fernand n'accepte-t-il pas la proposition ? — 3. Que propose au contraire Fernand ? — 4. Que font les deux enfants ? Agissent-ils bien ? — 5. Pourquoi ne doit-on pas faire de peine aux malheureux ?

Résolution. — *J'aurai bon cœur. J'aimerai mon prochain. J'aurai pitié des malheureux.*

103e LEÇON

Bienveillance et bienfaisance (suite).

Il ne suffit pas de vouloir du bien à nos semblables, il faut leur en faire. La bienfaisance consiste à soulager la misère ou à la prévenir. Le bienfait doit être spontané, cordial.

Récit. — Un enfant complaisant.

Je ne connais pas d'enfant plus complaisant que le petit Jean. Un de ses voisins étant gravement malade, il se mit immédiatement à la disposition de la femme pour courir à la ville prévenir le médecin.

— C'est bien loin, Moret, pour tes petites jambes, mon ami, tu vas te fatiguer. — Soyez sans crainte, mère Bertou, j'ai des jambes solides, je serai bientôt à destination et le médecin me ramènera dans son automobile. — Va donc, mon petit Jean, mais préviens tes parents, ils seraient inquiets s'ils ne te voyaient pas rentrer. — Ne vous tourmentez pas, mère Bertou, ils me laisseront partir bien volontiers.

Le soir, Jean était de retour. Il racontait à un de ses camarades sa joie d'avoir voyagé en automobile. — Et puis, la mère Bertou t'aura sans doute donné quelques sous? — Non pas, je les aurais refusés. Je suis content d'avoir rendu service à de pauvres gens, je suis assez payé comme cela. »

Questionnaire. — 1. Pourquoi Jean va-t-il à Moret? — 2. Que lui dit la mère Bertou? — 3. Dans sa démarche Jean était-il guidé par l'intérêt? — 4. Approuvez-vous la conduite de Jean et l'imiteriez-vous à l'occasion?

Résumé. — *La bienveillance est une disposition de notre cœur qui fait que nous éprouvons pour autrui des sentiments d'amour et de pitié. La bonté consiste à être indulgent. La vraie amitié est faite d'affection, de confiance et de bonté.*

La bienfaisance est une vertu qui nous fait soulager la misère d'autrui. Elle s'exerce surtout par l'aumône. Celui qui profite d'un bienfait doit s'en montrer reconnaissant.

104e LEÇON

Bienveillance et bienfaisance (fin).

Récitation du résumé. (Voir 103e leçon.)

LECTURE A COMMENTER

La bonté.

Étant un jour à Marly, dans un temps de giboulées, j'entrai un moment pour me mettre à l'abri dans un cabinet couvert où le roi, dans les beaux jours, allait quelquefois faire la collation. J'y trouvai trois enfants.

C'étaient deux petites filles qui s'occupaient avec beaucoup d'activité à ramasser des bûchettes de bois sec, qu'elles arrangeaient dans une hotte placée sur la table, tandis qu'un petit garçon, mal vêtu et fort maigre, dévorait dans un coin un petit morceau de pain noir.

Je demandai à la plus grande, qui avait cinq ou six ans, ce qu'elle prétendait faire de ce bois qu'elle ramassait avec tant d'empressement.

Elle me répondit :

« Vous voyez bien, monsieur, ce petit garçon-là, il est très malheureux. Sa maman est morte et son papa — un homme pauvre comme les pierres — l'envoie tout le long du jour chercher du bois ; parfois, lorsqu'il a fini son fagot, de grands vagabonds le lui prennent et il est obligé de recommencer sa besogne ; de plus, il jeûne souvent et nous venons de lui donner notre déjeuner. »

Après avoir dit ces mots, elle acheva avec sa compagne de remplir la petite hotte ; elles la chargèrent ensuite sur le dos du petit garçon et elles coururent devant lui à la porte du parc, pour voir si leur malheureux ami pouvait passer en sûreté.

Bernardin de Saint-Pierre.

105e LEÇON

Devoirs envers les animaux.

Les animaux domestiques sont les compagnons de notre vie et de nos travaux. Nous leur devons la nourriture, les bons traitements. Celui qui les maltraite est un méchant et un ingrat.

Récit. — Un méchant petit garçon.

Lucien est cruel pour les animaux. Il donne des coups de pied à Phanor qui ne peut se sauver parce qu'il est attaché. Le pauvre chien est moins méchant que lui, car il ne se défend pas ; il se contente de hurler de douleur. Lucien n'est pas seulement cruel, il est lâche.

Au lieu de travailler, il attrape des mouches et prend plaisir à leur enfoncer à travers le corps un bout de papier blanc ; il les regarde ensuite s'envoler. Le coin de table où il étudie est jonché des débris de mouches qu'il a mutilées avant de les tuer. Ah ! le méchant petit garçon !

Un jour, Mistigri mangeait sa pâtée ; Lucien lui tire la queue, le faisant marcher à reculons. Le malheureux chat miaule, hérisse ses poils, se fâche et finalement allonge à son ennemi un furieux coup de griffe qui marque sur la main du garnement une traînée sanglante. Lucien pousse un cri perçant et se sauve à toutes jambes vers sa mère. La maman accourt au plus vite. Pendant qu'elle soigne la blessure, Lucien pousse des gémissements, il se plaint très fort, car s'il est dur pour les bêtes, il est très douillet pour lui-même.

Quand il fut pansé, sa mère lui dit : « Bien souvent, je t'ai réprimandé en te voyant faire du mal aux animaux. Tu vois maintenant ce que c'est que de souffrir. Sache que les bêtes souffrent comme nous, que cette égratignure t'en fasse souvenir. N'oublie pas que celui qui est méchant avec les animaux sera méchant plus tard avec les gens et s'en fera détester.

Questionnaire. — 1. Comment Lucien traite-t-il le chien ? — 2. Que fait-il au lieu de travailler ? — 3. Quelle méchanceté a-t-il fait au chat et comment a-t-il été puni ? — 4. Que lui dit sa mère ?

Résolution. — ***J'éviterai de faire souffrir les animaux. Je traiterai les animaux domestiques avec bonté.***

106e LEÇON

Devoirs envers les animaux (suite).

Le charretier qui roue de coups son pauvre cheval accablé par un lourd fardeau fait preuve de brutalité ; l'enfant qui martyrise un chien, un chat, un oiseau, une mouche, qui prend plaisir à faire souffrir un être vivant fait preuve de méchanceté.

Récit. — Un dénicheur d'oiseaux.

Pierre Lefranc rentrait tout fier, jeudi soir, à la maison, portant un nid contenant six petits oiseaux recouverts d'un léger duvet tout soyeux. Son père, loin de partager sa joie, lui dit : « Tu as commis une mauvaise action en enlevant ces pauvres petits à l'affection de leurs parents. Ne sais-tu pas que les oiseaux souffrent comme nous, que les mères des oiseaux sont comme les mères des enfants,

qu'elles sont dans la tristesse quand leurs petits leur sont ravis ? Et ces malheureux oisillons qui ne savent encore ni voler, ni manger seuls, qu'en vas-tu faire ? Un jouet, un pauvre jouet qui souffre et qui meurt ! Allons ensemble les reporter au buisson, tu verras combien le père et la mère en seront heureux.

Tout en se dirigeant vers le buisson, le père expliquait à son fils que les oiseaux sont la joie de nos bosquets, qu'ils nous égayent par leurs chants, que ce sont aussi des auxiliaires précieux pour le cultivateur dont les récoltes sont exposées aux ravages des insectes.

Arrivés au buisson, le père et le fils remirent le nid en place dans les branches, et les oisillons reçurent bientôt la becquée de leurs parents dont la joie était impressionnante.

Questionnaire. — 1. Que représentent les gravures du récit ? — 2. Comment Pierre fut-il accueilli par son père en rentrant à la maison avec les oisillons ? —

3. Que propose M. Lefranc et quel discours tient-il en chemin, à son fils ? — 4. Pourquoi les parents des petits oiseaux étaient-ils heureux ?

Résumé. — *L'homme a le droit de se servir des animaux pour la satisfaction de ses besoins, mais il doit leur éviter toute souffrance inutile. Quant aux animaux domestiques, il doit les traiter avec douceur en reconnaissance de leurs services.*

La loi Grammont punit ceux qui maltraitent les animaux domestiques.

107e LEÇON

Devoirs envers les animaux (fin).

Récitation du résumé. (Voir 106e leçon.)

LECTURE A COMMENTER.

Il faut aimer les animaux. La jument de l'Arabe.

Un pauvre Arabe du désert avait pour tout bien une magnifique jument. Le consul de France lui proposa de la lui vendre dans l'intention de la donner à Louis XIV. L'Arabe, pressé par le besoin, balança longtemps ; enfin il consentit et demanda un prix considérable. Le consul, n'osant, de son chef, donner une si grosse somme, écrivit à la cour pour en obtenir l'agrément. Louis XIV donna l'ordre qu'elle fût livrée. Le consul, sur le champ, mande l'Arabe qui arrive, monté sur sa belle coursière, et lui compte l'or qu'il lui avait demandé. L'Arabe, couvert d'une pauvre natte, met pied à terre, regarde l'or ; il jette ensuite les yeux sur sa jument, il soupire et lui dit : « A qui vais-je te livrer ? A des Européens qui t'attacheront, qui te battront, qui te rendront malheureuse : reviens avec moi, ma belle jument, ma gazelle ; sois la joie de mes enfants. » En disant ces mots, il saute dessus et reprend la route du désert.

Bernardin de Saint-Pierre.

CHAPITRE VIII

MORALE SOCIALE (*Suite*).

5° La Patrie

108e LEÇON

La patrie. — De l'idée de patrie.

Le sol, le climat, la race, la langue, le caractère, l'esprit, les mœurs, les croyances, les lois, les intérêts, les souvenirs, les dangers, les espérances, voilà les liens puissants qui unissent entre eux les hommes d'une même patrie. (Vessiot.).

ENTRETIEN. — **De l'idée de patrie.**

Dans les temps anciens, il n'y avait pas de routes, les gens ne voyageaient pas et leur vie était toute locale. Ils connaissaient leurs voisins les plus proches, ils étaient en relation avec eux, mais ils considéraient comme des ennemis ou tout au moins comme des étrangers les habitants des villages d'alentour.

Petit à petit, l'horizon s'étendit. Les hommes apprirent qu'il y avait à quelques lieues de leur pays d'autres hommes ayant les mêmes mœurs, les mêmes intérêts, parlant la même langue ou plutôt le même patois. Sous l'empire du danger, ces hommes sentirent la nécessité de se grouper, de se serrer les uns contre les autres, ils s'aperçurent que l'union fait la force et ils mirent en commun leur énergie, leurs joies et leurs souffrances. La communauté n'était plus limitée au village, elle s'était agrandie, on était alors Bretons, Picards ou Champenois ; mais, au-delà de la province, c'était encore l'étranger.

Ce n'est que plus tard, à l'approche des temps modernes, que les provinces se sont réunies pour former une communauté plus étendue et plus forte. Ce sont les malheurs de la guerre de Cent ans qui ont donné à tous les habitants de nos provinces, une *âme commune*. A partir de cette époque, Lorrains, Bourguignons, Provençaux se sentent Français. Désormais la *patrie* existe.

QUESTIONNAIRE. — 1. Comment vivaient les gens autrefois ? — 2. Qu'ont-ils appris petit à petit ? — 3. A quelle époque les provinces se sont-elles réunies ? —

[illegible]

Résolution. — *J'aime ma patrie, la France, et je l'aimerai toujours.*

109e LEÇON

La patrie. — De l'idée de patrie (suite).

Nous aimons la France comme nous aimons une personne vivante. Si elle était attaquée, nous éprouverions la même inquiétude que si un membre de notre famille était menacé et nous serions prêts à tous les sacrifices pour la défendre.

Récit. — La patrie est une grande famille
(d'après Compayré).

En arrivant en classe, Pierre raconta à ses camarades que la maison où il habitait avait été attaquée par des voleurs et que tout le monde de la maison s'était levé pour repousser les agresseurs et défendre le patrimoine commun. Et en parlant, Pierre était fortement ému. « Je comprends, maintenant, ce que c'est que la patrie. »

— Comment cela ? fit le maître.

— C'est qu'il me semble qu'on doit faire pour la patrie, quand elle est attaquée, ce que nous avons fait cette nuit pour notre famille : tout le monde s'est levé pour faire face à l'ennemi commun. De même, si la patrie était menacée, tous les Français devraient être debout pour la défendre.

— Oui, mes amis, reprit le maître, vous avez raison de voir dans la famille la première image de la patrie. La patrie n'est qu'une grande famille. Dans la grande patrie, comme dans la famille, on doit s'aimer les uns les autres, s'entr'aider réciproquement, mettre ses efforts en commun pour augmenter la prospérité et la grandeur de son pays. L'amour de la patrie commence à la famille.

Questionnaire. — 1. Que raconta Pierre à ses camarades ? — 2. Pourquoi comprenait-il après ce que c'était que la patrie ? — 3. Que répondit le maître ? — 4. Quels sentiments doivent éprouver les uns pour les autres les habitants d'une même patrie ?

Résumé. — *L'amour du pays natal est naturel chez tous les hommes. Il s'est étendu de la maison paternelle au village, du village à la pro-*

vince de la province ou la nation tout entière. C'est pendant les malheurs de la Guerre de Cent Ans que l'idée de la grande patrie française a pris naissance. La patrie est une association d'hommes ayant mêmes sentiments, mêmes souvenirs, mêmes espérances, même volonté.

110e LEÇON

La patrie. — De l'idée de patrie (fin).

Récitation du résumé. (Voir 109e leçon).

LECTURE A COMMENTER

La patrie.

La Patrie, mes enfants, ce n'est pas seulement votre plaine ou votre coteau, la flèche de votre clocher, ou la fumée de vos cheminées qui monte dans l'air, ou la cime de vos arbres, ou les chansons monotones de vos pâtres ! La Patrie, c'est la Picardie pour les habitants de la Provence, c'est la Bretagne pour les montagnards du Jura. La Patrie, c'est ce qui parle notre langue, c'est ce qui fait battre nos cœurs, c'est l'unité de notre territoire et de notre indépendance, c'est la gloire de nos pères, c'est la communauté du nom français ; c'est la grandeur de la liberté ! La Patrie, c'est l'azur de notre ciel, c'est le doux soleil qui nous éclaire, les beaux fleuves qui nous arrosent, les forêts qui nous ombragent et les terres fertiles qui s'étendent sous nos pas !

La Patrie, c'est tous nos citoyens, grands ou petits, riches ou pauvres. La Patrie, c'est la nation que vous devez aimer, honorer, servir et défendre.

CORMENIN.

111e LEÇON

La patrie. — Ses grandeurs ; ses malheurs.

Nous aimons la France parce qu'elle est notre patrie ; nous l'aimons surtout parce qu'elle est le foyer des idées généreuses.

ENTRETIEN. — La patrie. Ses grandeurs, ses malheurs.

Considérons un instant cette carte de France, mes enfants. Appuyée sur les Pyrénées, adossée à plusieurs chaînes de montagnes, baignée par trois mers, vous voyez que notre patrie est admirablement placée pour correspondre avec le reste du monde.

Il n'est pas de nation qui soit mieux constituée. Quatre grands fleuves l'arrosent; son sol est d'une fertilité merveilleuse, son climat est doux et tempéré.

Mais nous ne devons pas l'aimer seulement à cause de sa beauté. Ce qui doit nous la rendre plus chère encore, ce sont ses grandeurs, ce sont aussi ses malheurs. La France a éclairé et amélioré le monde entier. Elle est à la tête des nations par son grand cœur qui l'a poussé à secourir toutes les infortunes, par sa grande âme ouverte à toutes les idées de justice, de liberté, de progrès.

Nulle part les lettres, les sciences et les arts n'ont brillé d'un plus vif éclat. Tout ce qui a été réalisé de grand dans le monde, c'est à la France qu'on le doit. Ce sont ses armées victorieuses qui ont porté d'une extrémité de l'Europe à l'autre les principes de la Révolution.

QUESTIONNAIRE. — 1. Comment la France est-elle située ? — 2. Comment est-elle arrosée ? Que savez-vous de son sol, de son climat ? — 3. Pourquoi devons-nous aimer la France ?

RÉSOLUTION. — *Je veux être un bon petit Français ; pour cela, je m'efforcerai de bien travailler en classe, d'être un bon fils, un bon frère, un bon camarade.*

112e LEÇON

La patrie. — Ses grandeurs ; ses malheurs (suite).

Ce qui fait la patrie, c'est surtout la ferme volonté de vivre ensemble librement sur le sol de la France, de ne pas accepter la domination ou l'autorité d'un peuple étranger.

ENTRETIEN. — La patrie. Ses grandeurs, ses malheurs (suite).

De même que la famille, la patrie n'a pas toujours été heureuse. L'histoire nous apprend que notre pays a subi de graves revers ; elle nous montre aussi avec quelle énergie et quelle rapidité il s'est relevé de ses désastres.

Lorsque la patrie était menacée, un cri d'angoisse sortait de toutes les poitrines. Il n'y avait plus ni Flamands, ni Gascons, ni gentilshommes, mais des Français jaloux de conserver, avec le territoire national, le trésor de la civilisation française. C'est un sentiment admirable, le patriotisme, qui faisait agir nos pères et qui unissait entre elles toutes les parties de la nation comme les membres d'une même famille.

Jamais la France ne s'est laissé aller au découragement ; elle a lutté où d'autres auraient mis bas les armes ; elle a espéré contre toute espérance.

Depuis les mauvais jours, la France a prouvé qu'elle a encore dans les veines du vieux sang français et qu'elle n'a rien perdu de son génie et de sa vitalité.

Questionnaire. — 1. La patrie a-t-elle toujours été heureuse ? Que nous apprend l'histoire ? — 2. Qu'arrivait-il lorsque la patrie était menacée ? — 3. La France s'est-elle laissée aller au découragement ? — 4. Qu'a-t-elle prouvé depuis nos derniers désastres ?

Résumé. — *La patrie, c'est la terre des pères ; c'est tout ce qui nous entoure, tout ce qui fait battre nos cœurs. Nous devons l'aimer comme nous aimons notre famille. Nous devons l'aimer à cause de ses gloires, mais aussi et surtout à cause de ses malheurs. Le patriotisme est un devoir, mais il ne doit pas nous aveugler sur nos qualités ou sur nos défauts.*

113e LEÇON

La patrie. — Ses grandeurs ; ses malheurs (fin).

Récitation du résumé (Voir 112e leçon.)

LECTURE A COMMENTER

Courage militaire d'un enfant.

En 1793, alors que les royalistes s'insurgeaient contre la République, la ville d'Avignon fut attaquée par quatre mille hommes et vingt pièces d'artillerie. Les républicains étaient postés, au nombre de huit cents, sur la rive droite de la Durance, pour essayer de défendre le passage de la rivière. Il n'y avait pas de pont ; mais les insurgés disposaient d'un certain nombre de bateaux, et, pour faciliter la traversée, ils comptaient sur un câble tendu d'un bord à l'autre et fixé sur chaque rive, à un poteau. Vous comprenez combien il importait aux Avignonnais que le câble fût coupé ; car, alors, les barques des agresseurs qui se cramponnaient à la corde auraient été rejetées par le courant et écartées de la rive. Mais le danger était terrible, la mort certaine : pour arriver au poteau, il fallait s'avancer sous le feu des ennemis. Tout le monde hésitait.

[illegible] Agricola Viala, plus brave que ses compagnons, s'élance avec une hache, marche au poteau, frappe à coups redoublés la corde, et, pendant que la corde se rompt, tombe mort sous les balles des ennemis.

Quand on rapporta à sa mère le cadavre de cet héroïque enfant, elle fondit en larmes ; mais une pensée adoucissait sa douleur, c'était de pouvoir dire : « Mon fils est mort pour la patrie ! »

GABRIEL COMPAYRÉ.

114e LEÇON

Devoirs envers la patrie. — L'obéissance aux lois. Le service militaire.

En République, la loi est souveraine et tout le monde lui doit obéissance. — Tous les Français sont appelés sous les drapeaux pour se préparer à bien défendre la patrie en cas de guerre.

RÉCIT. — Les conscrits.

Paul Léveillé, jeune homme de vingt ans, appelé sous les dra-

[illegible] se rend gaiement à la caserne. En chemin, il rencontre Jacques Denis qui, lui aussi, répondait à son ordre d'appel. « Je me demande, dit Jacques, ce que nous allons faire au régiment. Ne serions-nous pas mieux chez nous, à nous occuper de nos travaux ?

— Tu oublies, mon ami, reprit Paul, qu'une armée est nécessaire pour protéger et défendre la patrie; que le premier devoir d'un citoyen, c'est l'obéissance aux lois de son pays et l'accomplissement des sacrifices qu'elles lui imposent; que si les lois n'étaient pas respectées, il n'y aurait dans la société que désordre, violence et anarchie.

A la caserne, mon ami, nous préparerons la défense du pays car il ne dépend pas de la France seule qu'il n'y ait pas de guerre et le meilleur moyen de prévenir une guerre c'est de montrer à ceux qui seraient tentés de nous attaquer que nous sommes forts et en état de repousser leurs attaques; nous nous soumettrons aux ordres de nos chefs, car la discipline est la garantie d'une bonne armée; nous apprendrons à porter haut et ferme le drapeau tricolore qui représente la patrie avec toutes ses gloires et ses libertés.

— Merci, camarade Léveillé, de ta bonne leçon, j'en ferai mon profit.

Questionnaire. — 1. Que représentent les gravures du récit ? — 2. Pourquoi tous les Français sont-ils appelés sous les drapeaux ? — 3. Pourquoi les lois doivent-elles être respectées ? — 4. Pourquoi doit-on observer la discipline, respecter le drapeau et la *Marseillaise* ? — 5. Que doit être le vote de chaque citoyen ?

Résolution. — *Lorsque je serai appelé sous les drapeaux je me soumettrai de bon cœur à toutes les obligations du service militaire. Un bon Français doit être en état de défendre sa Patrie quand elle est attaquée ou quand l'honneur l'exige.*

115e LEÇON

Devoirs envers la patrie (suite). — L'impôt.

Pour solder les dépenses occasionnées par les services publics, l'État a besoin d'argent. Il le demande aux citoyens qui profitent du bon fonctionnement de ces services. De là la nécessité pour tous de payer sa part des dépenses communes. C'est cette part qu'on appelle l'impôt.

Récit. — Le père Jérôme.

Le père Jérôme est un très digne homme; c'est la bonté même

et sa bourse s'ouvre volontiers quand il s'agit de secourir les malheureux. Mais sur la question des impôts, impossible de lui faire entendre raison.

L'instituteur était chez le père Jérôme le jour où celui-ci reçut le bordereau de ses contributions. Il fut témoin des récriminations

du brave homme. « Permettez, père Jérôme, je ne comprends pas pourquoi vous maugréez contre l'impôt. Vous ne vous êtes certainement jamais rendu compte des avantages que vous retirez en échange de la minime somme que vous payez ; nous avons une armée, des écoles, des routes, des gendarmes, des juges et nous jouissons encore de beaucoup d'autres avantages. Que diriez-vous si, faute d'argent, l'Etat n'assurait ni l'instruction de vos enfants, ni la sécurité des routes, ni le respect de la propriété. Voilà à quoi sert l'impôt. Vous voyez donc qu'il est nécessaire. N'avez-vous pas d'ailleurs la possibilité d'en contrôler l'emploi par vos mandataires ? N'avez-vous pas le pouvoir de le réduire si vous le jugez trop lourd en choisissant des représentants plus économes ?

A partir de ce jour, le père Jérôme paya ses impôts de meilleure grâce.

QUESTIONNAIRE. — 1. Que représentent les gravures du récit ? — 2. Qu'était-ce que le père Jérôme ? — 3. Payait-il ses impôts sans murmurer ? — 4. Quel langage lui tint l'instituteur ? — 5. Pourquoi doit-on payer ses impôts ?

RÉSUMÉ. — *Un bon citoyen obéit aux lois de son pays. Il est prêt à défendre sa patrie en cas de guerre. Il remplit honnêtement ses devoirs d'électeur et son vote est réfléchi et désintéressé. Il ne cherche pas à échapper à l'impôt qui est à sa charge.*

116e LEÇON

Devoirs envers la patrie. — L'obéissance aux lois. Le service militaire. Le vote. L'impôt.

Récitation du résumé. (Voir 115e leçon.)

LECTURE A COMMENTER

La fraude est un acte malhonnête.

L'autre jour, j'entendais deux gentlemen de bonne réputation qui causaient ensemble d'une propriété que l'un voulait vendre et que l'autre voulait acheter. En recommandant sa propriété, le vendeur faisait remarquer que la situation en était très avantageuse. Placée sur la côte, dans un pays de contrebande, elle offrait de fréquentes occasions de se procurer, à bon marché, les articles les plus chers dans un ménage : thé, café, chocolat, eau-de-vie, mousselines, dentelles de Bruxelles, soies françaises, marchandises de l'Inde ; on pouvait acheter tout cela vingt, trente et même quelquefois cinquante pour cent au-dessous du prix exigé à l'intérieur des terres par les marchands qui paient les droits. L'autre gentleman, non moins honnête que le premier, reconnaissait que c'était là un avantage, mais il trouvait que dans le prix demandé, le vendeur évaluait cet avantage un peu trop haut. Ni l'un ni l'autre n'avaient l'air de penser que traiter avec des contrebandiers soit une pratique dont un honnête homme ait à rougir.

FRANKLIN.

CHAPITRE IX

NOTIONS DE CIVILITÉ

117e LEÇON

Notions de civilité. — Les usages de la vie.

Les enfants font honneur à leurs parents quand ils observent les préceptes de la politesse et de la bienséance.

Récit. — L'enfant bien élevé.

Louis est un enfant bien élevé. A son lever, il ne manque jamais d'embrasser ses parents, en leur disant bonjour. S'il rencontre quelqu'un en allant à l'école, il le salue en ôtant sa casquette. Si la personne est sur son chemin, il se dérange pour la laisser passer. Quand il a besoin de continuer sa route et qu'une personne est arrêtée devant lui, il passe derrière elle. S'il est obligé de passer devant la personne, il s'excuse en disant : « Pardon, Monsieur, Madame ou Mademoiselle. »

Aux questions qu'on lui fait, il ne répond jamais des oui ou des non tout courts. Il ne reçoit rien sans dire : « Merci, Monsieur ou Madame. »

Quand il dîne chez ses amis, il attend qu'on lui indique la place qu'il doit occuper à table et il ne commence pas à manger avant les maîtres de la maison. Il ne se sert pas lui-même. Il ne prend ni sel, ni poivre avec ses doigts. Il ne met pas ses coudes sur la table et ne jette rien sur le plancher. Quand le repas est terminé, il pose sa serviette sur la table sans la plier.

Voilà un enfant bien élevé, dit-on partout de Louis avec satisfaction. Et ses parents en sont très fiers.

QUESTIONNAIRE. — 1. Que représentent les gravures du récit ? — 2. Que fait Louis à son lever ? — 3. Comment se conduit-il quand il rencontre quelqu'un ? — 4... quand il dîne en société ? — 5. Voudriez-vous ressembler à Louis et pourquoi ?

RÉSOLUTION. — *J'imiterai mon camarade Louis. Il est poli, bien élevé, et fait le bonheur de ses parents.*

118e LEÇON

Notions de civilité. — Les relations sociales.

C'est la marque d'une bonne éducation que de se bien conduire quand on est en société.

RÉCIT. — L'enfant bien élevé (suite).

Quand Louis va visiter quelqu'un, il a soin, avant d'entrer, d'essuyer ses pieds ; puis il frappe doucement à la porte ou agite légèrement la sonnette. Quand il est introduit, il salue convenablement et tient sa coiffure à la main jusqu'à ce qu'il soit sorti.

En voyage, il réserve toujours la meilleure place aux dames ou aux personnes âgées. Il a une tenue convenable dans les rues.

Dans la conversation, il sait qu'il ne faut pas interrompre les personnes qui parlent, il ne dit pas de mal du prochain, il ne se moque jamais des défauts ou des infirmités des autres. Il se garde bien de parler à l'oreille de son voisin. Il ne répond jamais par un signe de tête et ne fait pas répéter sans s'excuser les questions qu'on lui adresse et qu'il ne comprend pas bien.

Louis évite encore de se ronger les ongles, de cracher sur le

parquet, de tousser, de bâiller sans se couvrir la bouche. En un mot, il connaît les règles de la bienséance, et il les observe.

Questionnaire. — 1. Que représentent les gravures du récit ? — 2. Que fait Louis quand il va visiter quelqu'un ? — 3. Comment se conduit-il en voyage, dans les rues ? — 4. Quelle règle observe-t-il dans la conversation ? — 5. Qu'évite-t-il encore ? Pourquoi l'estime-t-on ?

Résumé. — *L'enfant bien élevé embrasse ses parents matin et soir. Il ne dérange pas les autres sans s'excuser, et ne reçoit rien sans dire : merci. Il ne se sert pas lui-même à table. Il garde sa coiffure à la main quand une dame ou une personne âgée lui adressent la parole. Il n'interrompt jamais les conversations et ne tourne pas les gens en ridicule.*

119e LEÇON

Notions de civilité.

1. Les usages de la vie. — 2. Les relations sociales.

Récitation du résumé. (Voir 118e leçon).

Lectures à commenter

I. L'enfant qui se tient mal à table.

Dimanche dernier, je suis allé chez M. Martin, un brave cultivateur du village de Rigny.

M. Martin et sa femme sont d'excellentes gens et j'ai passé une agréable soirée avec eux.

Cependant, j'ai été très peiné de voir comme leur fils, Amédée, se tient mal à table.

D'abord il mange avec sa casquette sur la tête, ce qu'un enfant bien élevé ne doit pas faire, surtout lorsqu'il y a des étrangers.

Puis, il ne mange pas proprement ; il prend souvent des morceaux de viande avec ses doigts qu'il essuie ensuite sur la nappe.

Il se tient mal, il met ses coudes sur la table ; il porte souvent son couteau à sa bouche ; il se permet de demander tel ou tel morceau ; il dit qu'il n'aime pas ceci, qu'il aime mieux cela.

Il oublie souvent de dire merci ; s'il fait passer devant vous quelque chose pour le donner à une autre personne, il ne vous demande pas pardon.

Il se mêle à la conversation, se permet de donner des démentis, et le plus souvent, il parle la bouche pleine.

Je n'ai pu m'empêcher de lui faire des observations à ce sujet ; et, comme il va venir en pension chez moi, je compte bien lui faire perdre toutes ses mauvaises habitudes, qui pourraient lui être très nuisibles plus tard.

II. L'enfant qui se tient bien à table.

Si j'ai fait des reproches à Amédée Martin de sa mauvaise tenue à table, d'un autre côté, je dois adresser de sincères compliments à Robert Legrand.

Je suis allé dîner aussi chez ses parents.

J'ai rarement vu un enfant de cet âge se conduire aussi bien à table.

Il ne parlait que lorsqu'on lui adressait la parole.

Il attendait son tour, sans jamais rien demander, sachant bien qu'on ne l'oublierait pas.

Il ne mangeait ni trop vite ni trop doucement, et ne mettait pas plus qu'il ne fallait de nourriture dans sa bouche. Il acceptait ce qu'on lui donnait, sans témoigner plus de préférence pour quoi que ce fût.

[illegible]

... exemple servira à corriger Amédée.

J'aime à croire, mes enfants, que vous profiterez des reproches que j'ai faits à Amédée et des louanges que j'ai adressées à Robert.

Vous vous conduirez toujours à table, soit chez vous, soit chez les autres, en petits garçons bien élevés.

(CUIR, *les Petits Écoliers*, Hachette, édit.).

TABLE DES MATIÈRES

CHAPITRE PREMIER

Notions préliminaires.

CHAPITRE II

Morale individuelle.

CHAPITRE III

Qualités et défauts.

CHAPITRE IV

Morale sociale.

1° *La famille.*

Morale sociale (suite).

2° L'école.

CHAPITRE VI

Morale sociale (suite).

3° *Devoirs de justice.*

CHAPITRE VII

Morale sociale (suite).

4ᵒ Devoirs de charité.

CHAPITRE VIII

Morale sociale (suite).

3° *La Patrie.*

CHAPITRE IX

Notions de civilité.

30-3-07. — Tours, imp. E. ARRAULT et Cie.

www.ingramcontent.com/pod-product-compliance
Ingram Content Group UK Ltd.
Pitfield, Milton Keynes, MK11 3LW, UK
UKHW020252250726
13967UKWH00004B/1636

9 782012 825185